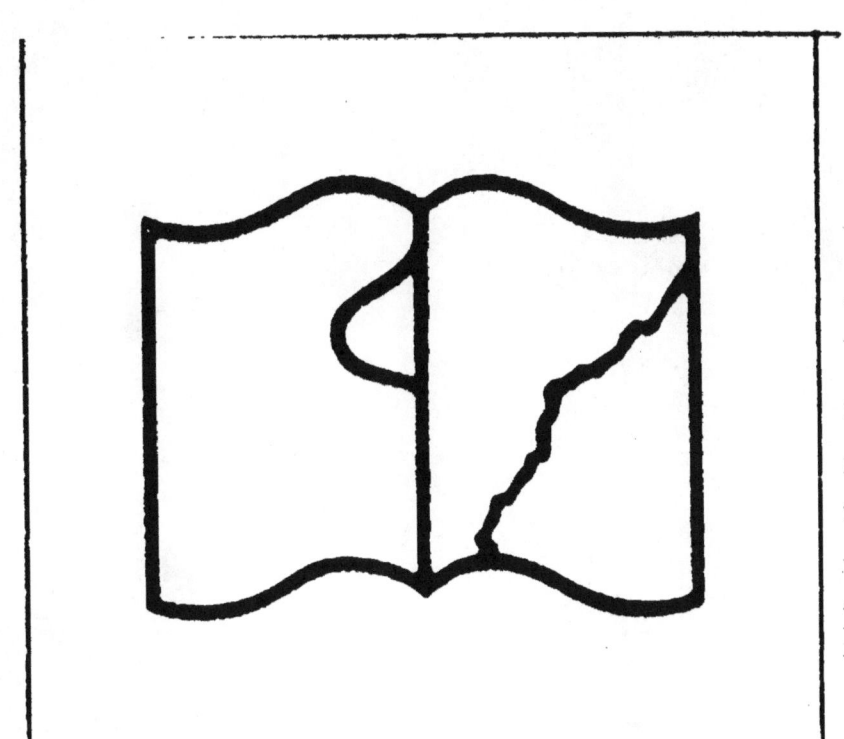

FERNAND MEYNIER
DE L'ACADÉMIE DE MARSEILLE

THÉATRE

BOUDEVILLE

(PREMIÈRE PARTIE)

Scènes, Proverbes et Comédies

LA LIONNE MARSEILLAISE — KETTLY
— LA CHARADE AU CHATEAU —
LES FAUSSES INFIRMITÉS — L'OPODELDOCH
— UNE MATINÉE A HYÈRES —
CHEZ PASTEUR

MARSEILLE
IMPRIMERIE MARSEILLAISE
Rue Sainte, 39

1887

g.af F 311

THÉATRE BOUDEVILLE

FERNAND MEYNIER

DE L'ACADÉMIE DE MARSEILLE

THÉATRE

BOUDEVILLE

(PREMIÈRE PARTIE)

Scènes, Proverbes et Comédies

LA LIONNE MARSEILLAISE — KETTLY
— LA CHARADE AU CHATEAU —
LES FAUSSES INFIRMITÉS — L'OPODELDOCH
— UNE MATINÉE A HYÈRES —
CHEZ PASTEUR

MARSEILLE
IMPRIMERIE MARSEILLAISE
Rue Sainte, 39

1887

Simple question.

D'où peut venir la vogue actuelle des comédies d'amateurs?

Est-ce que par hasard les théâtres publics deviendraient de plus en plus inabordables pour les jeunes filles et les jeunes femmes que leurs pères et mères ou leurs maris ont le désir d'y conduire? d'aucuns le pensent et l'auteur de ce recueil est tout à fait de leur avis.

C'est ce qui l'encourage à livrer aujourd'hui à l'impression les pièces contenues dans ce volume; elles ont constitué dans le temps le répertoire particulier d'un modeste théâtre de famille dont l'existence a eu, à Marseille, trois ans de durée.

Dans le principe, uniquement représentés sur la scène pour laquelle ils avaient été composés, plusieurs de ces Proverbes et Comédies parurent plus tard dans la *Revue mensuelle de Marseille et de Provence*; cette publication valut à l'auteur l'honneur de se voir demander, soit à Marseille, soit sur plusieurs autres points de la France, la permission de les jouer sur des théâtres similaires.

Un résultat aussi inattendu ne pouvait manquer d'inspirer, à l'auteur, la pensée de les tenir à la disposition des salons et des châteaux, où l'on a l'habitude de se livrer aux divertissements de ce genre. Cette pensée il la réalise à l'aide de la présente publication; non qu'il se flatte d'avoir la bonne fortune de voir adopter, par une si noble clientèle, des œuvres écrites pour le modeste THÉATRE BOUDEVILLE ; son ambition est moindre et son but serait plutôt d'encourager, par son exemple, les théâtres de société à cette heure en cours de représentation, à créer à leur tour un répertoire qui ne soit pas uniquement composé d'emprunts faits aux théâtres de Paris. Ce serait là un nouveau pas à faire dans les voies de décentralisation, dans lesquelles notre Provence s'engage en ce moment avec ardeur et non sans chance de réussite.

L'auteur ne voudrait pas prolonger davantage les réflexions qui précèdent; il tient pourtant à ajouter un éclaircissement que le titre de *Théâtre Boudeville*, inscrit en tête de son livre, semble nécessiter.

Tout en révélant l'existence passée d'un théâtre réel et non hypothétique, ce titre peut laisser supposer que cet ouvrage est dû au concours de deux personnages, l'un appartenant à l'Académie de notre cité, et qui n'en serait que l'éditeur, l'autre étant l'œuvre du sieur Pierre Boudeville; il n'en est rien. Boudeville n'a jamais existé, et ce nom d'emprunt n'est qu'un pseudonyme adopté par l'auteur, en raison de sa profession d'avocat, un préjugé assez répandu semblant interdire à celle-ci de consacrer ses loisirs à des occupations considérées comme frivoles.

Espérons que nos lecteurs seront moins exigeants pour lui et que nul d'entre eux ne songera à lui retirer la considération qu'il se flatte d'avoir toujours obtenu, aussi bien du public que de ses collègues.

Mardi-Gras, 22 Février 1887.

LA
LIONNE MARSEILLAISE

PERSONNAGES

MM. RICHARD, officier au service du Pacha d'Egypte.
    TADDEO, chanteur italien.
Mmes Ve RICHARD, mère de Mme Maurin.
    ANNA MAURIN, sa fille.
    La Baronne de TRIQUÉTY.
Un Domestique.

La scène se passe à Marseille en 1859.

    Le théâtre représente un salon. Porte au fond et portes latérales; la porte à droite communique avec l'appartement de Mme Richard; la porte à gauche avec celui de Mme Maurin. — Petite table à droite; un piano à gauche. — Toutes les indications sont prises de la salle. Le premier personnage inscrit tient toujours la gauche du spectateur. — Les changements de place sont indiqués par des astérisques.

LA LIONNE MARSEILLAISE

PROVERBE

SCÈNE PREMIÈRE

RICHARD (entrant), Mme RICHARD

Mme RICHARD (Elle est assise et tricote)

Se levant)

Té vé! c'est toi, petit! Quelle surprise! mon bon... Elle l'embrasse) moi qui te croyais à Lessandrie.

RICHARD

Tante, j'arrive en effet d'Egypte, et je vais à Paris pour le compte du pacha. Mais où est donc ma cousine Anna? Est-ce qu'à deux heures de l'après-dîner elle serait encore couchée?

Mme RICHARD

Non, mon garçon; aujourd'hui, chose extraordinaire, ma fille est tombée du lit au coup de midi; il lui faudra bien deux heures pour sa toilette, vu qu'elle s'habille, rapport à la répétition.

RICHARD

Une répétition; que voulez-vous dire?

Mme RICHARD (Elle s'assied)

Oui, avec le *bachin* et la Triquéty.

RICHARD

Vous me parlez hébreu, chère tante. Voilà deux ans que je suis absent de Marseille; comment voulez-vous que je sois au courant des faits et gestes de votre société? Je sais seulement que ma cousine s'occupe toujours beaucoup de musique, et je vous en fais mon compliment, Elle a une si belle voix! Vous devez être bien heureuse de l'entendre tous les jours.

Mme RICHARD

Hum! Tu en parles à ton aise, neveu. Vois-tu, si j'en étais la maîtresse, il y a longtemps que j'aurais envoyé aux cinq cent mille diables son piano, sa musique et tous les gueusards qui viennent chaque jour crotter notre tapis sans seulement prendre la peine de râcler leurs pieds au paillasson. Ouf!

RICHARD

Que dites-vous? Vous plaisantez, chère tante!

Mme RICHARD

Bon; voilà encore que je plaisante. (Se levant) Sainte Vierge! je parle très sérieusement; ça va mal, petit, ça va mal.

RICHARD

Serait-il possible! Est-ce qu'Anna ne vous aime pas toujours avec la même tendresse? Est-ce que son mari, M. Maurin, ne la rend pas heureuse?

Mme RICHARD

Son mari! c'est un imbécile; tirez-le de Casati, il n'est bon à rien.

RICHARD

Mais alors...?

Mme RICHARD (vivement)

Alors, alors, c'est ici la cour du roi Pétaud, et si ça continue, je fiche le camp à la bastide. Après tout, quel si grand malheur cela fera-t-il ? Madelon leur brûlera le fricot tous les jours, Baptiste laissera de la poussière sur tous les meubles. Eh bien, tant mieux ! Oh ! ils verront, ils verront comment la maison marchera quand je n'y serai plus.

RICHARD

Mais enfin, en quoi vous contrarie-t-on, ma tante ?

Mme RICHARD

En tout, mon bon, en tout !

RICHARD

Vous m'étonnez : Anna a toujours aimé le monde et les plaisirs ; mais au fond, elle a un excellent caractère.

Mme RICHARD

Tu n'y entends rien. On n'a qu'à faire ça sur elle (Elle souffle) et elle tourne comme un tonton. Figure-toi que cet hiver elle s'est mise comme la chair et l'ongle avec une grosse blagueuse qui se fait appeler la baronne de Triquéty. En voilà une que je déteste, bien qu'elle me fasse toute sorte de mamours ; et à Anna donc (La contrefaisant) : ma belle, ma bonne, mon petit cœur chéri, ma chère. Pouah !.. (Elle s'assied.)

RICHARD

Je comprends ; vous êtes jalouse de son amitié pour Anna.

M™ RICHARD

Oh *pesqui pas!* Cela me serait bien égal; mais c'est qu'elle s'est fourrée dans la tête de faire de ma fille une lionne, comme ils disent; depuis lors il se passe ici des choses qui me feront radoter de bonne heure. Ma pauvre Anna monte à cheval tous les jours, elle nage, elle fume, elle joue de l'or. Conçois-tu, neveu, jouer de l'or !

RICHARD

Vous ne voulez donc pas qu'elle s'amuse ?

M™ RICHARD

Eh! qu'est-ce qui te parle de cela ? Est-ce que je l'empêche d'aller aux sermons de l'abbé... tu sais... celui qui est tant à la mode. Ma foi... puisqu'elle aime la musique, pourquoi ne va-t-elle pas entendre celle du jardin *Zéologique* (1). Elle y mènerait le petit au lieu de le fourrer avec une bonne Anglaise, qui porte des chapeaux, quand je n'ai que des bonnets, moi ! Aussi quand je parle à ce cher enfant, tout ce qu'il sait faire, c'est de me répondre avec la bouche de travers : *yes, yes...* Finalement c'est mon petit-fils et j'ai le droit de le comprendre... Fichtre !...

RICHARD (s'asseyant)

En définitive, vous n'avez que cela à reprocher à ma cousine ?

M™ RICHARD

Que cela, neveu, tu plaisantes; et le groom, nègre qui me vole mes confitures ! Et les bals, les soirées, les spectacles !.. sais-tu bien que c'est ici le rendez-vous de tous les morts de faim, qui piaillent ou qui râclent de quelque chose ; encore

(1) Jardin *Zoologique* de Marseille.

si avec eux l'on en était quitte pour une bouille-à-baisse ; mais les souscriptions, les billets de concert, les carottes de toutes les longueurs ! Enfin, figure-toi qu'en ce moment nous avons ici un *bachin*, un vrai *bachin*.

RICHARD

Vous voulez dire un Italien sans doute.

M™ RICHARD

Oui, un *pite sou*, qui prétend avoir eu des malheurs politiques...; mais il a beau dire qu'il est comte et qu'il a des palais dans son pays... allez-y voir. En attendant il court la ville pour donner des leçons à vingt sous le cachet. Cela ne serait rien ; mais c'est qu'il ne bouge quasi pas d'ici, ce qui fait jaser les mauvaises langues.

RICHARD

Eh bien, mettez-le à la porte.

M™ RICHARD

Ça c'est mon idée ; mais comment faire ? Anna y tient ; restes-tu longtemps ici ?

RICHARD

Trois ou quatre jours tout au plus.

M™ RICHARD

Tant pis. Je comptais sur toi pour me tirer d'affaire, et c'est court.

RICHARD

Je ne vois pas en quoi je pourrais vous être utile.

M™ RICHARD

Tu plaisantes ; toi qui as été à l'Ecole polytechnique, tu

imagineras bien quelque chose; d'ailleurs tu as de l'influence sur Anna : car tu aimais ta cousine.

RICHARD

Ma tante !

M⸺ RICHARD

Tais-toi ; les vieilles ont de bons yeux pour voir ces choses-là... (Richard se lève.) Tu t'en vas?

RICHARD

Oui, puisque Anna doit avoir du monde, j'aime autant revenir un peu plus tard ; j'ai des visites d'autorité à faire dont je me débarrasserai en attendant.

M⸺ RICHARD

A ton aise; ne te gêne pas.

SCÈNE II

M⸺ RICHARD (seule)

Voilà comment j'aime les jeunes gens; il n'est pas fier celui-là, et il fera son chemin... en Egypte, Ah! si seulement il avait eu de l'argent !.. Qui sait !.. à l'heure qu'il est Anna serait peut-être M⸺ Richard. Les choses n'en iraient pas plus mal, et le bien ne sortirait pas de la famille. Mais peuh... ce qui est fait est fait, et puis !.. on a beau dire, l'argent... ça ne se remplace pas...Taisons-nous, c'est elle...

SCÈNE III

ANNA, Mme RICHARD

Mme RICHARD

Ah ! te voilà enfin, madame la paresseuse, tu as été joliment longue à ta toilette.

ANNA (languissamment)

Et à quoi bon me dépêcher ? je m'ennuie. (Elle s'assied.)

Mme RICHARD

Ah bien, si j'étais ton mari, je te rognerais furieusement les ongles ; dépenser tant d'argent pour s'ennuyer, c'est du propre... Ah !... tu ne sais pas, Amédée sort d'ici.

ANNA (de même)

Ah !... il est à Marseille !...

Mme RICHARD

Voilà une jolie tendresse pour son cousin !

ANNA

Autrefois vous me reprochiez de lui en témoigner trop.

Mme RICHARD (brusquement)

Autrefois, autrefois... Les temps changent.

ANNA (bâillant)

Oui... (Elle se lève.) Où est le petit ?... est-ce qu'il est sorti ? Est-il encore enrhumé ?

M⁰⁰ RICHARD (avec humeur)

Il le sera toujours tant que tu le tiendras déculotté. Ce pauvre enfant !... C'est pitié de le voir avec ses jambes violettes.

ANNA

Mère, c'est la mode.

M⁰⁰ RICHARD (se levant)

Au diable soit la mode et ceux qui l'ont inventée !

ANNA

Si vous étiez jeune, vous ne parleriez pas ainsi.

M⁰⁰ RICHARD

Et qu'est-ce que tu me chantes-là ! Je l'ai été jeune, et cela ne m'empêchait pas d'avoir du bon sens. Sais-tu que si ton père nous a laissé un bon magot, j'y suis bien pour quelque chose ! Car, il n'y a pas à dire, quand nous nous fiançâmes, Richard vendait des peignes sur le Cours.

ANNA (vexée)

Ma mère !

M⁰⁰ RICHARD

Des peignes pour les chiens, ma fille... Pardine, il n'y a pas de sot métier ; en m'épousant il prit boutique, et devint peu à peu un gros marchand ; c'est que j'étais bien troussée, et que je soignais mes pratiques. Aussi, après le détail, nous avons tenu le gros, et puis sont venues les huiles, et puis les blés ; et tout cela vous a fait ce que vous êtes, Madame l'élégante. Mais élevez donc vos enfants, pour qu'ils vous méprisent !

ANNA

Ah ! maman, maman.

M⁻ RICHARD

Oh ! je sais bien que tu aimerais autant ne pas me voir là quand tu reçois tes messieurs ; va, je me rends justice. Ma figure, dans un salon, c'est comme un paquet de cheveux dans une salade. J'ai beau me mettre un bonnet avec des angleterres et des rubans rouges, je n'en ai pas moins l'air d'un épouvantail de figuier ; mais enfin je suis là, et peut-être que si je n'y étais pas, tu ferais bien des sottises.

ANNA

En vérité, je ne sais sur quelle herbe vous avez marché aujourd'hui.

M⁻ RICHARD (très brusquement)

Sur l'herbe qui me convient ; mais sois tranquille ; si un beau matin je me réveille avec mon bonnet de travers, je fais une révolution et je flanque tous ces petits jeunes gens à la rue.

ANNA

Vous voulez donc que je ferme ma porte à tout le monde ?

M⁻ RICHARD

A tout le monde, non ; à ceux qui ne me conviennent pas, oui.

ANNA

Mais si personne ne vous convient !

M⁻ RICHARD

Là-dessus nous serons vite d'accord ; débarrasse-moi des

gens qui font parler sur ton compte ; pour les autres, je m'en moque.

ANNA (avec un peu d'emphase)

Mère, quand on n'a rien à se reprocher, on foule aux pieds les préjugés et on porte haut la tête.

M⁻ RICHARD

Ça, c'est une phrase de la Triquéty.

ANNA

Sans doute, et elle a raison. Comment puis-je empêcher qu'on ne s'occupe de moi ? Je suis jeune, élégante, je fais venir toutes mes toilettes de Paris ; naturellement toutes les femmes me jalousent. Vous me reprochez d'être coquette ; mais les hommes savent que je n'accorde de préférence à aucun d'entre eux, et ceux qui sont piqués de cette indifférence s'exercent sur mon compte. Dites-moi si M. Maurin a jamais eu la moindre observation à me faire.

M⁻ RICHARD

Ton mari ! sait-il seulement ce qui se passe chez lui ! Il ne bouge pas du cercle.

ANNA

Bon ! à présent ce pauvre Albert lui-même ne trouvera pas grâce à vos yeux.

M⁻ RICHARD

Il ferait mieux de soigner sa toilette ; c'est toujours lui qu'on prend pour le domestique quand il est avec Baptiste. Aussi quelle idée d'avoir un joli homme pour valet de chambre, quand on a épousé un mari qui n'est pas beau !

ANNA (se mettant au piano pendant que sa mère parle, et après avoir joué quelques notes)

Vraiment, mère, ce matin vous devenez de plus en plus divertissante. (Elle joue.)

Mme RICHARD (avec humeur et en élevant la voix)

Mais toi tu ne l'es guère avec ton piano, surtout quand tu mets les pétales.

ANNA (jouant toujours)

Vous voulez sans doute dire pédales ?

Mme RICHARD (en colère)

Oh ! pétales, pédales, ça n'y fait ni froid ni chaud ; ça n'en est pas moins des inventions d'animal, qui conduisent les familles à l'hôpital.

SCÈNE IV

ANNA (seule)

(Sans quitter le piano.)

Ma mère me blâme ; elle me plaindrait plutôt, si elle savait combien je souffre... Oui, je le sens, cette vie d'excitation m'est nécessaire pour m'arracher à moi-même... à mes réflexions. (Elle se lève.) J'ai rêvé cette nuit que j'étais encore au Sacré-Cœur ; c'était un jour de sortie, et ma mère venait me prendre au parloir ; ma toilette était bien simple... une robe blanche... et deux tresses de cheveux pendant par derrière, à la Suissesse. On ne me disait pas alors que j'étais jolie, et il m'importait peu de le savoir; au lieu qu'aujourd'hui... Ah! ce n'est pas un bonheur, c'est un tourment que d'être belle. Si je pouvais pleurer... je sens que cela me ferait du bien...; mais non, j'aurai du courage, je lutterai jusqu'au bout... je triompherai. (S'essuyant vivement les yeux.) Remettons-nous... c'est Félicie.

SCÈNE V

LA BARONNE, ANNA (La baronne entre par le fond)

LA BARONNE (embrassant Anna)

Chère, je suis matinale, n'est-ce pas? c'est que j'ai tant de plaisir à te voir... Mais qu'as-tu donc?... tu as l'air triste... on dirait que tu viens de pleurer... Tu seras toujours enfant; chasse tous ces nuages. On a beau dire, la mélancolie n'a jamais embelli personne : elle cerne les yeux et gâte le teint. Cela ne t'empêche pas d'être ravissante aujourd'hui, cher petit cœur... Si j'étais homme, il ne me faudrait pas cinq minutes pour être amoureuse de toi.

ANNA

Tu es folle, baronne

LA BARONNE

Non, sérieusement. Ah! donne-moi un conseil : il m'est venu une idée au sujet du dernier chapeau que j'ai fait... (Se reprenant) c'est-à-dire qu'on m'a envoyé de Paris. Il me coiffe indignement, et je suis fort tentée de le mettre en loterie.

ANNA

Y a-t-il longtemps que tu l'a reçu ?

LA BARONNE

Heu ! six semaines tout au plus... On le connaît à peine ; je ne l'ai guère mis que dix ou douze fois sur le pavé pour des visites à des gens qui ne viennent pas chez toi... Je le loterai sans le montrer ; il ne sera vu que de la personne qui le gagnera.

ANNA (s'asseyant) (*)

Tu as raison ; nous le tirreons à une de mes prochaines soirées ; je dirai que c'est pour une bonne œuvre ; cela se fait tous les jours.

LA BARONNE

J'admire de plus en plus, mon bijou, avec quelle facilité tu te plies aux belles manières.... (Assise). Laissons cela. Comment seras-tu demain au concert ?

ANNA

Toute en blanc.

LA BARONNE

Décolletée ?

ANNA

Mais... à l'anglaise ! Et toi ?

LA BARONNE

Moi, j'ai grande envie de me mettre en robe de velours noir.

(*) La Baronne, Anna.

ANNA

C'est bien sérieux.

LA BARONNE

Oui...; mais toute réflexion faite, j'ai calculé que c'était ce qu'il y avait de plus convenable. Avec une robe claire j'aurais l'air d'une actrice.

ANNA (un peu choquée)

Comment donc !

LA BARONNE (avec dignité)

Nous autres femmes du monde, quand il s'agit d'une œuvre de charité, nous pouvons bien, sans déroger, chanter et nous produire en public ; mais nous devons savoir conserver en toute occurrence notre bonne tenue et notre dignité native.

ANNA

Baronne, tu es toujours la même et l'on ne t'en remontrera jamais sur le chapitre des bienséances.

LA BARONNE

Tu as tant d'autres mérites, *Bellote,* que tu peux bien ne pas m'envier celui-là. Mais j'y pense, j'aurai mes diamants, et tu sais que mon épingle est un peu maigre. Ne pourrais-tu pas me prêter ta broche ? elle est plus fournie et ne désassortira pas.

ANNA

Je le ferai volontiers, mais je ne l'ai pas en ce moment.

LA BARONNE

Oh !... Anna, voilà qui n'est pas bien ; je te croyais au-dessus de ces petitesses ; refuser à une amie un si léger service, c'est affreux, et je suis furieuse.

ANNA

Je t'assure que mon épingle avait besoin d'être arrangée, et je l'ai envoyée chez le joaillier.

LA BARONNE (se levant)

Quel est-il ? J'y passerai de suite. Serait-ce Bosson, Laurin ou Trichaud ?

ANNA (se levant)

Je l'ignore ; c'est M. Taddeo qui s'est chargé de faire cette réparation.

LA BARONNE

Ah ! Et pourquoi t'adressais-tu à M. Taddeo pour cette commission ?

ANNA

J'ai eu la maladresse de laisser tomber cette épingle en sa présence. Il l'a ramassée ; naturellement il s'est offert pour la porter chez le bijoutier. Pouvais-je refuser ?

LA BARONNE

Ceci est de l'étourderie, chère ; n'as-tu pas réfléchi qu'il pouvait y avoir quelque inconvénient à confier à un inconnu un objet de cette valeur ; car enfin ce bijou vaut bien mille francs, et tu sais combien cet individu est besogneux.

ANNA

Je te trouve bien singulière ; cet inconnu est ton protégé ; tu me l'as présenté comme un homme qui appartenait à la meilleure société du Milanais ; il t'était recommandé, disais-tu, par ton amie, la princesse Cacciamosca. Tu as des scrupules bien tardifs.

LA BARONNE

Ma bonne, il faut toujours se méfier des recommandations du dehors; mais puisque tu prends la chose avec tant de feu, je te ferai remarquer que le personnage en question se fait joliment attendre aujourd'hui ; c'est là, ne t'en déplaise un manque complet de savoir-vivre de la part de ton Monsieur Taddeo.

ANNA

Je ne sais pourquoi tu affectes toujours de répéter (Appuyant) mon Monsieur Taddeo ; il est beaucoup plus le tien que le mien. Du reste, le voilà... Profite de l'occasion pour lui donner une leçon de convenance.

LA BARONNE

Sois tranquille ; je vais lui laver la tête comme il faut.

SCÈNE VI

LA BARONNE, TADDEO, ANNA

UN LAQUAIS (annonçant)

Monsieur Taddeo.

TADDEO (baragouinant)

Scusez, Mesdames, zai eu un tardamento per une petite affaire.

LA BARONNE

Vraiment ! Quand on a un rendez-vous avec des femmes,

Monsieur, on ne doit jamais avoir d'autre affaire que celle d'être exact.

TADDEO

Perdoni la signora. S'il est un appuntamento d'une dame seule, la chose est possible ; ma de due, l'exactitude il est moins ésizée.

LA BARONNE

Ceci est fort joli. Madame est moi prises ensemble, nous ne méritons pas les honneurs de l'exactitude. Seriez-vous plus aimable pour chacune de nous en particulier ? Pour ce qui me concerne, j'en doute.

TADDEO

Comme vous pouvez le supposer, Madame, un soleil resplendissant de beauté comme vous.

LA BARONNE

N'allez pas si vite dans vos comparaisons; il n'y a qu'un soleil au monde ; si vous en disposez pour moi, que restera-t-il à Madame ?

TADDEO

La lune et toutes les astres, même les comètes; Madame a de si beaux cheveux... et une queue .. (1) comme un chival.

LA BARONNE

Supposeriez-vous par hasard que les cheveux que je porte ne sont pas à moi ?

TADDEO

Je ne dis pas cela ; Madame, tanto bene, il a une si grande

(1) Prononcez : *quo*.

queue, qu'il lui en restera toujours un pezzo pour la faire agli altri.

LA BARONNE

Vous auriez bien dû apprendre à faire des plaisanteries de meilleur goût depuis que vous êtes en France. Mais nous perdons le temps à bavarder : si nous répétions !

TADDEO

No, ze ne chante pas.

LA BARONNE

Ah ! par exemple ! qu'est-ce que cela veut dire ?

TADDEO (toussant)

Cela veut dire que ze souí enrhumé (Présentant des pastilles.) Si ces bollettes de sucre pouvaient faire piacere à Madame ?

LA BARONNE

Merci ; gardez pour vous vos pastilles ; votre rhume pourrait s'invétérer, et vous faites bien de soigner votre chère santé.

ANNA

Dans le fait, monsieur Taddeo, enrhumé ou non, votre conduite est inconcevable ; je ne dis pas cela pour moi, qui n'ai qu'une voix comme tout le monde ; mais priver la société du plaisir d'entendre madame la baronne, c'est désolant, désespérant ; c'est une atrocité véritable.

TADDEO

Madame, il peut bien chanter un *aria* toute seule ; il est si bien dans les *aria*, Madame ! D'ailleurs, à supposer que je ne suis pas enrhumé, je ne chante pas davantage.

ANNA

Et pourquoi, s'il vous plait, Monsieur?

TADDEO

Perchè, Madame, perchè en Marsiglia ze croyais mè trouver en une grande ville, et ze suis en un villazetino. Se vi fate une chose petite comme ci (Montrant le bout du pouce) on la met longue comme ça (Montrant la longueur du bras.) Da chè il s'est raconté que je devais chanter le trio de la *Norma* avec les signore, il se parle più que de ça en la Bourse, al Théâtre, al Prado, al café Bodoul, nelle botteque des barbieri, enfin da per tutto; et puis il se dit des choses, des choses... que je puis pas vous répéter. E pure, que suis-je, moi, io!... Un professeur, un niente, moins qu'un chiveu; ma per l'honour, per l'honour des dames, ze me ferai hacher in *pezzi minutissimi*.

LA BARONNE

Voilà de beaux sentiments, mais j'ai des emplettes à faire, et puisque je ne vous suis d'aucune utilité je me retire.

ANNA (traversant et lui prenant la main (*)

Déjà, Félicie. Non, chère, reste; tu étudieras quelque chose; Monsieur te donnera des conseils.

LA BARONNE

Je m'en garderai bien; cela pourrait faire jaser sur mon compte; Monsieur, en galant chevalier, se croirait obligé de se faire couper par morceaux; et en vérité il perdrait trop à ne pas être conservé tout entier (Bas à Anna) comme un cornichon.

(*) La Baronne, Anna, Taddeo.

ANNA

Méchante!

LA BARONNE

Je reviendrai tantôt !

TADDEO

Servitor umillissimo, Madame.

SCÈNE VII

ANNA, TADDEO

ANNA

Décidément elle est piquée; convenez aussi que vous avez été bien peu aimable; votre histoire des cancans qui courent la ville ressemble fort à une défaite. Je ne saurais m'expliquer pourquoi, mais vous paraissez vous soucier fort peu de chanter ce morceau avec elle.

TADDEO

Per vous, Madame, ze cache pas la vérité; zamais zaurais eu le courage de chanter ce trio avec la signora et madame la baronne.

ANNA

Et pourquoi, s'il vous plaît?

TADDEO

Pour une foule de raisons. Comme se peut faire que vi

soyez la *Norma* abandonnata et elle *l'Adalgisa* triunfante ?

ANNA

Parce que la partie de Norma est mieux dans ma voix.

TADDEO

No, Madame, non è questo. Vi savez bien que ze zoue le rôle de Polissone ; (Se reprenant) Pollione, je veux dire.

ANNA

Eh bien! après.

TADDEO

Dopo, il me faut dire à Madame Triquéti, espressivo et dal fond du core: *Vi amo!* et à vous: *Scelerata*... Ma c'est un sacrilège.

ANNA

Allons, vous voulez rire.

TADDEO (traversant)

No! Madame, no ; ze plaisante pas, ze parle sérieusement, ze vous zure. Soyez l'Adalgisa amata, et non solamente ze chanterai, ma ze tomberai à vos pieds per adorer mon astre, mon firmament. (*)

ANNA

Laissez donc. Avez-vous fait ma commission ?

TADDEO (tirant de sa poche une boîte
qu'il dépose sur le piano.)

Eccola, le zoaillier voulait la garder deux zours, mais ze ne suis fâché ; perchè ze voulais vous rapporter votre broche avant mon départ.

(*) Taddeo, Anna

2.

ANNA

Vous partez ! et depuis quand ? Qu'est-ce que cela veut dire ?

TADDEO

Une gran determination, Madame ; ze prends le vapeur sta sera per Zibraltar, et di quà, ze pars pour la Californie.

ANNA

Y pensez-vous ! Vous abandonneriez Marseille, après tout ce que j'ai fait pour vous y créer, si non un avenir, du mois une position agréable ; mais c'est me compromettre vis-à-vis des personnes dont je vous ai fait avoir la clientèle. Vous ne le pouvez pas, Monsieur, vous ne le pouvez pas.

TADDEO

Si, Madame, si ; ze va vi faire *l'apertura* del mio core, et vi m'applaudirez. Ze suis venu en Marsiglia sense patrie, sense famille ; vi avez recivuto le proscrit avec charité, et ze me dizais : Alzi gli occhi vers ton zenie, ton anze protecteur, ma tiene ton cuore a due mani, perchè il s'envole pas vers elle. Ahi ! *poveretto*, ze pouvais pas m'approcher del fueco et demeurer comme un glaçon del pôle antarctique : l'amore il n'ascolte rien ; ce segreto que ze voulais cacher, ze sens qu'il éclate comme oune bombe... Ze vous aime, Madame. (Il se jette à genoux).

ANNA

Taisez-vous, Monsieur, taisez-vous. N'ajoutez pas un mot de plus à ce que vous venez de dire. Je n'ai jamais cherché à dissimuler le vif intérêt que m'ont inspiré votre personne et vos infortunes ; mais vous auriez tort de vous méprendre sur la nature de ce sentiment, et surtout de chercher à en abuser. Ce serait vous exposer à vous voir donner votre congé sur-le-champ.

TADDEO

Et ze l'ai dezà pris mon congé, Madame ; c'est zustement per questo que je veux andar à Zibraltar ; ici l'amore il est la morte pour moi, et ze rends l'ultimo sospir à chaque minute. Ze pars et ze va mourir da vero.

ANNA

Non, vous resterez, et vous vous contenterez de mon amitié, que je vous conserverai... pourvu que vous demeuriez soumis et respectueux. Ne croyez pas, d'ailleurs, que je prenne vos exagérations au pied de la lettre ; vous auriez quelque peine à les concilier avec les attentions que vous prodiguez à Félicie ; vous avez pour elle des empressements que tout le monde a remarqués.

TADDEO

Et c'est per meglio cacher mon amour, Madame ; cette femme il m'ennuie ; il se donne avec moi de grands airs de protection dont je puis me passer. Après ça, comme ze suis naturellement porté à la galanterie, il a pris pour une chose sérieuse ces petites bêtises qu'un homme bien éducato il peut pas se dispenser de dire à oune dame.

ANNA

Vraiment.

TADDEO

Et zustement, comme je n'ai pas trouvé sta matina madame la baronne bien disposée à recevoir mes hommazes, ze voulais vous prier de vous charger per elle d'une petite commission.

ANNA

Laquelle, s'il vous plait?

TADDEO

De me mander un paletot que z'ai laissé à son allogement.

ANNA

Comment donc !

TADDEO

Si, et un de ces petits fichus avec quoi l'on se couvre la bouche; comme vous dites en francese? ah! un *cassanez*.

ANNA

Un cache-nez !

TADDEO

Si. Je l'ai oublié mardi... dans son salon... après avoir répété un duo.

ANNA

Mardi !... (à part). Elle n'est pas venue ce jour-là, et m'a fait dire qu'elle avait la migraine.

TADDEO

Vous dites, Madame ?

ANNA

Oh ! rien... rien... ne faites pas attention.

TADDEO

Ze puis compter sur votre oblizeance.

ANNA

Il me serait sans doute fort agréable de m'acquitter de votre commission ; mais vous aurez tout le temps de la faire vous-même ; rien ne presse... Vous ne partirez pas.

TADDEO

Ah ! Madame.

ANNA

Taisez-vous : l'on vient.

SCÈNE VIII

Les précédents, RICHARD (en grande tenue)

UN LAQUAIS (annonçant)

Monsieur Amédée Richard, officier au service du pacha d'Egypte.

ANNA (*)

C'est vous, Amédée ; je ne vous aurais pas reconnu sous cet uniforme. Soyez le bienvenu. (Avec effusion) Que j'ai de bonheur de vous voir !

RICHARD

Parlez-vous sérieusement, chère cousine ?

(*) Richard, Anna, Taddeo.

ANNA (présentant Taddeo)

Monsieur Taddeo, un artiste distingué avec lequel je fais volontiers de la musique. (A Taddeo) Mon cousin Amédée Richard.

TADDEO (s'inclinant)

Serviteur... (A part) Coume il me regarde ; est-ce qu'il me connaîtrait par hasard. (Il se cache la figure avec son mouchoir).

RICHARD (à part)

J'ai vu cette figure-là quelque part.

ANNA

Qu'avez-vous donc, Monsieur Taddeo ?

TADDEO

O un grand mal de denti.

ANNA

Il vous a pris subitement.

TADDEO

Chez moi, c'est touzours comme ça. Ze vous laisse : ze vas donner une leçon en ville.

ANNA

Vous reviendrez ?

TADDEO

Sta sera, sensa faute.

SCÈNE IX

RICHARD, ANNA

RICHARD

C'est singulier ; mais cette voix ne m'est pas inconnue.

ANNA (s'asseyant)

Vous êtes distrait ; asseyez-vous, Amédée ; là, contez-moi comment vous tuez le temps en Egypte.

RICHARD (s'asseyant)

Je lis les journaux de Marseille.

ANNA

C'est un passe-temps comme un autre.

RICHARD

Très agréable, je vous assure, lorsque j'y trouve les compte-rendus de vos succès artistiques. Je ne dis rien des autres dont ces estimables carrés de papier ne parlent pas, et que je suis moins jaloux de connaître.

ANNA

Ce serait vite fait.

RICHARD

Non ; car je ne sais si cela tient à ce que depuis deux ans j'avais perdu l'habitude de vous voir, mais je vous trouve plus jolie que jamais.

ANNA

Laissez donc ; entre cousins, on est dispensé de se faire des compliments ; je maigris et j'ai la figure fatiguée.

RICHARD

Vous ne le diriez pas, si vous le pensiez sérieusement.

ANNA

Vous me croyez donc bien coquette !

RICHARD

Vous perdriez dans mon estime si vous ne l'étiez pas un peu.

ANNA

Vous êtes bien toujours le même, et je reconnais là vos taquineries d'autrefois. Restez-vous longtemps ici ?

RICHARD

Trois ou quatre jours tout au plus. Je vais à Paris ; vous devriez bien m'y accompagner.

ANNA

Demandez-en la permission à M. Maurin.

RICHARD

Vous avez donc un mari jaloux ?

ANNA

Mon Dieu, non... Mais aurait-il si grand tort de l'être... Avec coquetterie) au moins de vous ?

RICHARD

Il aurait deux torts au lieu d'un : celui d'abord de

manquer de confiance en sa femme; celui ensuite de redouter un personnage pour lequel elle professe une indifférence bien marquée.

ANNA (se levant)

Que voulez-vous ! je vous paie de votre monnaie.

RICHARD

Ah ! par exemple, ne plaisantons pas sur ce chapitre, s'il vous plaît, vous savez bien ce que je pensais de vous autrefois, et vous me trouveriez toujours le même.

ANNA

En ce cas, vous me fermez la bouche. Qu'allez-vous donc faire à Paris, si je ne suis trop curieuse?

RICHARD

M'acquitter d'une mission de la plus haute importance.

ANNA

Cela veut dire que je n'en dois rien savoir.

RICHARD

Tout au contraire, et vos conseils pourront m'être fort utiles (*).

ANNA

Perdez donc cette habitude de persiflage.

RICHARD

Je vous jure que je ne plaisante nullement. Vous savez que je me suis toujours fort occupé de minéralogie : une de

(*) Anna, Richard.

mes passions a surtout été l'étude des pierres précieuses ; j'y ai acquis toute l'expérience d'un joaillier ; cela m'a été fort utile auprès du Pacha, qui ne peut plus se passer de mes conseils en cette matière. Pour le moment, il lui a pris fantaisie de faire monter en France une parure pour la plus aimée, et par conséquent la plus légitime de ses épouses. Telle est ma mission ; vous êtes femme de goût, vous voyez bien, Anna, que je ne puis me passer de vos conseils.

SCÈNE X

LA BARONNE, ANNA, RICHARD

LA BARONNE (sans voir Richard)

Chère, c'est encore moi ; je viens de préparer les billets de notre loterie, et je te les apporte. Comme cela nous pourrons en placer un bon nombre ce soir.

ANNA

Tu t'abuses, baronne, je n'autoriserai jamais chez moi de pareils tripotages.

LA BARONNE

Comment, toi-même tout à l'heure... (Remarquant Richard) Ah ! un étranger ; je comprends ; excuse mon étourderie.

ANNA

Monsieur n'est pas un étranger, c'est mon cousin.

LA BARONNE

Ah ! il est très bien ton cousin, et tu devrais en avoir beaucoup qui eussent aussi bonne façon.

ANNA

C'est-à-dire que mes parents ont en général des tournures de l'autre monde. Au moins on les connaît.

LA BARONNE

Oh ! chère, que s'est-il donc passé en mon absence ? Tu est devenue bien susceptible. (Apercevant la boîte que Taddeo a laissée sur le piano). Ah ! voilà ton épingle. (Elle l'ouvre. S'adressant à Richard.) N'est-ce pas, Monsieur, que votre cousine a là un bijou d'un goût exquis ? (*)

RICHARD (l'examinant)

Oui, mais...

LA BARONNE

Mais quoi ?

RICHARD

Ah ! vous avez voulu m'éprouver, Anna; cela saute aux yeux; le piège est un peu trop grossier.

ANNA

Que voulez-vous dire? On voit bien que vous venez du pays des sphinx; vous ne parlez que par énigmes. Expliquez-vous donc.

RICHARD

Soit; vous avez là d'abord un diamant d'une fort belle

(*) La Baronne, Richard, Anna.

eau ; les roses qui l'accompagnent ne le dépareraient pas; mais pourquoi a-t-on introduit des pierres fausses dans son entourage ?

ANNA

Je vous assure qu'il n'y en a jamais eu. C'est un cadeau de ma corbeille.

RICHARD

Sur mon honneur, je vous jure, Anna, que voilà des brillants d'une insigne fausseté.

ANNA (troublée)

Est-ce que vous parlez sérieusement ?

RICHARD

Quel intérêt aurais-je à vous tromper !

LA BARONNE

Monsieur a raison ; on te les aura changés.

ANNA

Mais qui ?

LA BARONNE

Qui ? la personne qui avait tout à l'heure ce bijou en main, et qui vient de te le rapporter.

ANNA

Ce n'est pas possible ; voyons, Amédée, êtes-vous bien sûr de ce que vous dites ?

RICHARD

Plus que de mon existence... Si cependant vous doutez encore, je cours chez le premier bijoutier venu, et vous serez bientôt convaincue.

ANNA

Je le veux bien. (A part.) Ce serait infâme !

RICHARD

Je ne vous dis pas adieu; à tantôt.

SCÈNE XI

LA BARONNE, ANNA

LA BARONNE

Chère, chère, je t'avais bien prévenue de te méfier de ce maudit Italien. Il n'y a que lui qui ait pu te jouer ce tour ; il est dans la gêne, il aura cherché à se créer une ressource ; j'en mettrais la main au feu. Il faut cacher la chose à ton mari ; il serait furieux s'il s'en apercevait ; mais tout cela ne te rendra pas les brillants que l'on t'a enlevés ; avec ça que cette semaine tu as fait une fusée au baccarat. Dieu ! que je te plains, ma chérie !

ANNA

Je vous remercie, Madame ; j'ai en ce moment plus besoin d'argent que de votre tendresse hypocrite, et de vous je n'aurai jamais rien à attendre que des conseils dont vous voyez le résultat ; car cet homme, c'est vous qui me l'avez amené, c'est à votre patronage que je le dois.

LA BARONNE

Ma belle, le chagrin te rend injuste envers ta meilleure

amie; pouvais-je être impolie envers une personne qui m'était recommandée par la princesse Cacciamosca?

ANNA (l'interrompant)

Il y a un milieu entre être polie avec les gens, et les jeter à la tête des autres.

LA BARONNE

En vérité, tu m'étonnes, chère amie; tu as avec moi, en ce moment, un ton d'aigreur qui pourrait faire supposer...

ANNA

Achevez!

LA BARONNE

Que tu voyais ce personnage avec des yeux singulièrement prévenus, et qu'il y a dans ton humeur actuelle du dépit.

ANNA

Pourquoi ne dites-vous pas de la jalousie? Car pour faire la conquête de cet adorateur, il eût fallu, Madame, aller sur vos brisées.

LA BARONNE

Tu extravagues; si ce misérable avait eu l'insolence de s'occuper sérieusement de moi, je l'aurais bien promptement mis à sa place.

ANNA

Alors quel besoin aviez-vous de lui donner audience chez vous les jours où vous aviez la migraine?

LA BARONNE

Quoi! que voulez-vous dire?

ANNA

Que vous ne pouvez en conscience lui retenir son paletot et son cache-nez, à moins que vous ne teniez à les conserver comme souvenir d'une amitié qui vous fera toujours honneur.

LA BARONNE

C'en est trop, Madame, et ce que je viens d'entendre est pour moi une leçon dont je profiterai à l'avenir. Je comprends aujourd'hui, à mes dépens, qu'il n'y a jamais rien à gagner à la fréquentation des petites gens.

ANNA

Laissez-donc; les grands airs ne font pas les grandes manières.

LA BARONNE

Pas plus que le rôle de femme à la mode ne donne de l'esprit à qui n'en a pas.

ANNA

En gagne-t-on davantage à se poser en bas-bleu?

LA BARONNE

Cela vaut mieux que de traîner toujours à sa suite une foule d'adorateurs, comme certaines personnes de ma connaissance.

ANNA

Ces personnes-là, Madame, ont au moins le bon esprit de bien placer leurs amitiés, et n'en sont pas réduites à encourager les assiduités d'un galant de bas étage.

LA BARONNE

Chacun son goût; j'aimerais encore mieux être une coquette de mauvais aloi qu'une femme mal élevée.

ANNA

Et si vous étiez l'une et l'autre ?

LA BARONNE

Je n'aurais plus à rougir de votre amitié, Madame.

ANNA

Très bien, Madame ; pour ne pas vous exposer à ce désagrément, je vous engage à ne jamais remettre les pieds chez moi ; c'est une invitation que je me reproche de ne pas vous avoir faite plus tôt.

LA BARONNE

Vos regrets ne seront jamais aussi grands que les miens ; je me suis joliment encanaillée.

ANNA

Insolente, je ne souffrirai pas davantage que vous m'insultiez chez moi, sortez ! (Elle lui montre la porte en étendant le bras).

LA BARONNE

Vous n'avez pas besoin pour cela de faire des gestes de théâtre. Je sortirai, mais tout à mon aise et quand cela me plaira.

ANNA (En colère)

Sortez, vous dis-je !

LA BARONNE

Ah ! tu le prends sur ce ton ; attends, attends. (Elle se jette sur elle et lui donne des coups).

ANNA

Au meurtre ! à l'assassin... Maman ! maman ! Au secours... au secours.

SCÈNE XII

LA BARONNE, ANNA, M⁻⁻ RICHARD

M⁻⁻ RICHARD

Ma fille ! on bat ma fille ! *tron de disqui*... c'est la Triquéty.

ANNA (pleurant)

Maman, elle m'a pincée... maman, elle m'a griffée. Appelez Baptiste, appelez Madelon, appelez Hélène. Je veux qu'on la mette à la porte. Appelez Dominique, appelez Miss, appelez tout le monde.

M⁻⁻ RICHARD

Je n'ai pas besoin de tant de personnes. Va, j'ai encore bonne poigne. (Mettant le poing sous le nez de la baronne) Ah ! gueusarde (*).

LA BARONNE

Point d'éclat, Madame ; ne faisons pas de ceci une affaire de police correctionnelle ; nous ne nous convenons plus ; eh bien tout est dit ; bonsoir. (Elle se dirige vers la porte).

M⁻⁻ RICHARD (barrant le passage)

Ah ! tu crois t'en tirer comme ça ! tu te trompes... Vois dans quel état tu as mis mon enfant, vilaine.

ANNA (retenant sa mère)

Maman, maman, ne vous faites pas une mauvaise affaire.

(*) La Baronne, M⁻⁻ Richard, Anna.

Mᵐᵉ RICHARD (se dégageant)

Laisse-moi ; j'ai du sang-froid, et je sais ce qu'il me convient de faire... sois tranquille, elle va s'en aller avec son paquet.

LA BARONNE

Croyez-vous donc être aussi leste que moi, vieille cornichonne. (Elle lui donne un coup d'ombrelle) Au revoir, Mᵐᵉ l'épicière. (Elle pousse vivement Mᵐᵉ Richard et se sauve).

Mᵐᵉ RICHARD (à la cantonnade)

Va-t-en au diable, baronne de malheur, canaille... chi... (Anna lui met la main sur la bouche).

SCÈNE XIII

Mᵐᵉ RICHARD, ANNA

Mᵐᵉ RICHARD

Laisse-moi ; où est Baptiste ?

ANNA

Que voulez-vous faire ?

Mᵐᵉ RICHARD

Fais-moi venir ton carrosse. Dis à Hélène qu'elle aille me chercher mon plus beau bonnet, celui qui a des rubans bleu de ciel avec des coquelicots rouges.

ANNA

Mais où voulez-vous aller ?

Mme RICHARD

Chez le commissaire.

ANNA

Y pensez-vous, maman ?

Mme RICHARD

Comment, tu veux que je laisse aller ainsi cette chenapanne ? tu n'as pas vu comme elle m'as insultée.

ANNA

Vous le lui avez bien rendu.

Mme RICHARD

C'est cela, il faudra encore que je lui demande son reste... (A Anna, qui lui barre le passage) Laisse-moi. Depuis quand les enfants commandent-ils leur mère ? laisse-moi, te dis-je, ou je fais un *espectacle.*

ANNA

Calmez-vous. C'est Amédée qui vient.

SCÈNE XIV

Mme RICHARD, ANNA, RICHARD.

Mme RICHARD

Ça c'est Amédée... Nous sommes donc en carnaval ?

RICHARD

Tante, c'est ma grande tenue. (Il se jette dans un fauteuil) Vous permettez ; je n'en puis plus. Ouf!

Mme RICHARD

Péchère... c'est bien juste .. Comme il est essoufflé! D'où viens-tu comme ça?

RICHARD

De la Cannebière... J'ai vu tous les joailliers... pas un ne s'y est trompé ; ils ont bien vite su distinguer l'ivraie du bon grain.

Mme RICHARD

Qu'est-ce qu'il veut dire avec son proverbe turc?

RICHARD

Il paraît qu'on était venu leur proposer cet échange. A la description du personnage, j'ai bien vite reconnu votre Italien, et alors j'ai tout deviné.

Mme RICHARD

Je le crois bien ; quand on a été trois ans à la Polytechnique.

RICHARD (souriant)

Deux ans, s'il vous plaît, chère tante, n'exagérons rien... A Anna. Se levant) Mais ce n'est pas tout : je tenais à ravoir vos pierres; d'après quelques données, j'ai pu découvrir que l'Italien avait dû s'aboucher avec un juif algérien, grand tripoteur d'affaires suspectes. J'y ai couru de suite ; le misérable voulait nier ; mai j'ai parlé arabe, je l'ai menacé du ministère public ; enfin, j'ai si bien fait, qu'il a fini par cracher au bassin... (Tirant la boîte de sa poche) Voilà vos brillants...

ANNA (prenant la boîte). (*)

O Amédée, vous êtes une seconde Providence!

RICHARD

Sans doute... Seulement il avait déjà lâché cinq cents francs à notre homme, qui, ce soir, devait venir en toucher encore autant.

ANNA

Et vous les avez remboursés de votre poche ?

RICHARD

Mais donc...

ANNA

Ma mère va vous les rendre, Amédée.

M.** RICHARD

Quoi ! que veux-tu dire ?

UN LAQUAIS (entrant.)

Une lettre pour Madame.

ANNA

Qu'est-ce donc ? (Elle lit)

« A bord du *Rhamsès*.

« Ma chère petite dame... » l'insolent ! (Elle reprend) « Ma
« chère petite dame, j'apprends qu'Ismaël vous a mis au cou-
« rant de ma dernière espièglerie. Ceci me décide à prendre
« congé de vous plus tôt encore que je ne l'avais résolu ;
« mais, en homme d'ordre, je tiens à régler mes comptes
« avant mon départ. Je ne puis guère, en conscience, éva-

(*) M.** Richard, Anna, Richard.

« luer à moins de deux cents francs le paletot et le cache-
« nez que j'ai oubliés chez M⁻ᵉ la baronne, et que je vous
« autorise à retirer d'elle. Restent trois cents francs, que je
« vous enverrai sur la recette de mon premier bénéfice; ce
« que je ne tarderai pas de faire, à moins que je ne rencon-
« tre encore dans mon auditoire un de vos cousins qui ait le
« mauvais goût de me siffler.

« Votre dévoué, « TADDEO MASCARINI,

« *Artiste dramatique.* »

RICHARD

Mascarini... Ah ! oui, à présent j'y suis... J'ai sifflé un drôle de ce nom au théâtre de Lucques, à l'époque où j'avais été y prendre les eaux.

Mᵐᵉ RICHARD (à sa fille)

Mais explique-moi donc ce que signifie tout cela ?

ANNA

Ma mère, c'est l'Italien qui a pris son congé.

Mᵐᵉ RICHARD (se signant)

Jésus, Maria, Joseph ! C'est toi, petit, qui as fait cela ?

ANNA

Oui; mais vous devez à Amédée cinq cents francs pour le passage, qu'il a avancés.

Mᵐᵉ RICHARD

Encore une carotte !

ANNA

C'est la dernière, maman ; je renonce aux artistes et à la lionnerie.

Mᵐᵉ RICHARD

Enfin ! Et tu mettras des culottes à ton petit ?

ANNA

Trois paires, si cela peut vous faire plaisir. De plus, voulez-vous que nous profitions de la belle saison pour passer une quinzaine de jours à la campagne ?

Mᵐᵉ RICHARD

C'est une idée... Nous ferons la lessive. (A Richard) Tu viendras, petit ?

RICHARD

Pour quarante-huit heures, si ma cousine le permet.

ANNA

Pouvez-vous le demander ! Seulement souvenez-vous, Amédée, que si le monde a ses dangers, l'intimité peut aussi avoir les siens. Pour l'un comme pour l'autre... *Qui s'y frotte...* (Elle lui tend la main)

RICHARD (la lui baisant)

S'y pique.

EN SUISSE

—

SCÈNES DE VOYAGE

PERSONNAGES

Milord JINGLEFORT, voyageur anglais.
JOHN, son domestique.
Milady CLARA JINGLEFORT.
Miss JENNY BUTTERSON, sœur de Milady.
M⁰⁰ WALTER, aubergiste.

N. B. — L'accent britannique de lady Clara doit être légèrement indiqué, mais celui de miss Jenny est fortement accentué.

La scène se passe à Sion dans le Valais. — Le théâtre représente un salon d'auberge : table à gauche; fauteuils et chaises; portes à droite et à gauche.
Toutes les indications sont prises de la gauche du spectateur.

EN SUISSE

SCÈNES DE VOYAGE

SCÈNE PREMIÈRE

M⁻ WALTER, MISS JENNY, LADY CLARA

M⁻ WALTER (entrant par la gauche)

Vous rentrez, Mesdames, j'en suis bien aise, j'étais en peine sur votre compte, il va faire un temps affreux.

LADY CLARA

Ma sœur ne voulait pas rebrousser chemin, malgré les menaces d'orage. En calèche découverte... Quelle folie !

MISS JENNY

Vous dites folie, Milady. Si nos aïeux avaient pensé et agi comme vous, ils n'auraient pas choisi pour devise : *Vouloir c'est pouvoir*, et le nom glorieux des Butterson ne se retrouverait pas à toutes les pages de l'histoire de notre vieille Angleterre.

LADY CLARA

Je crois aimer mon pays autant que vous, ma chère Jenny ; mais que gagnera-t-il à ce que je me mouille de la tête aux pieds ? Les paladins avaient sans doute leur raison pour affectionner ce plaisir de canard, j'en ai de meilleurs pour ne pas le leur envier, et, à coup sûr, nos ancêtres doivent à d'autres exploits leur écusson et leur devise.

MISS JENNY

En attendant, voilà trois jours que nous nous mettons en route pour Louesche, et, chaque fois, il nous faut revenir au point de départ.

LADY CLARA

Prenez une voiture.

MISS JENNY

Moi ! une voiture couverte, une prison ! abjurer ma liberté à ce point ! l'idée seule m'en fait frémir.

LADY CLARA

Au fait, le ciel semble prendre plaisir à nous contrarier. Ecoutez donc. Quelle averse !... (On entend le bruit de la pluie.)

MISS JENNY

Serons-nous donc clouées pour la vie, dans cet affreux village ?

Mme WALTER (à part)

Village !... Elle est sans façon, l'anglaise. (Haut.) Milady, me permettrez-vous de vous faire observer que vous êtes à Sion, capitale du Valais, un évêché, Milady.

MISS JENNY (sèchement)

Appelez-moi miss, je ne suis point mariée, et je ne veux jamais l'être... mon indépendance m'est trop chère pour cela.

Mrs WALTER

En épousant milord Jinglefort, madame votre sœur me paraît avoir répudié votre théorie.

MISS JENNY

C'est son affaire ; elle a agi contre mon gré, mes conseils ne lui ont point manqué, et, si je ne respectais chez les autres la liberté que je réclame pour moi-même, je l'aurai bien vite empêchée de faire cette sottise ; mais, enfin, la voilà revenue à de meilleurs sentiments. Milord Jinglefort voyage de son côté, et nous du nôtre.

LADY CLARA (soupirant)

Ah !

MISS JENNY

Je crois que vous avez dit *Oh !* Milady ?

LADY CLARA

Non, je n'ai pas dit *Oh !* j'ai dit *Ah !*

MISS JENNY

Et pourquoi avez-vous dit *Ah ?*

LADY CLARA

Pourquoi ?... parce qu'il y a des moments où je pense qu'un homme, quand c'est un mari, peut être d'un grand secours en voyage. Au reste, vous le savez bien, chère sœur, c'est uniquement par faiblesse pour vous que j'ai consenti à cet arrangement.

MISS JENNY

La faiblesse est de mon côté ; je devrais vous forcer à présenter une requête en divorce à la Cour de la Chancellerie.

LADY CLARA

Oh! pour ceci, n'y comptez pas!

MISS JENNY

Heureusement pour vous, je ne varie jamais dans mes principes, et je sais respecter chez les autres la liberté que je...; il suffit, n'en parlons plus.

Mme WALTER

Par le fait, Miss, de quelle utilité le divorce pourrait-il être à Milady, puisque vous ne tenez pas à ce qu'elle se remarie?

MISS JENNY

Vous demandez l'utilité? Afin que toute l'Angleterre sache bien ce qu'il y a d'énergie dans le sang des Butterson.

Mme WALTER

(Bas.) Par exemple! en voilà une d'originale! (Bruit de pluie.) Ah! mon Dieu, mon Dieu, quels torrents d'eau!

LADY CLARA

J'entends le bruit d'une voiture, ce sont sans doute des voyageurs qui arrivent.

Mme WALTER

Miséricorde! que vais-je devenir! Je n'ai plus de chambre à donner. (Regardant à droite.) (*) C'est bien cela... une chaise de poste... un monsieur en descend... il a un groom; Tiens! que porte celui-ci? une cage pleine d'oiseaux... ce sont des Anglais.

(1) Miss Jenny, Lady Clara, Mme Walter.

MISS JENNY (sèchement)

A quoi le reconnaissez-vous ?

Mme WALTER

Mais... à leur tournure qui est, comme toujours..., très particulière.

MISS JENNY

Vous voulez dire, sans doute, distinguée ?

Mme WALTER

(Haut.) Oui, distinguée... (Bas). Raide comme toi-même, girafe.

MISS JENNY

Clara, retirons-nous dans notre appartement.

LADY CLARA

A quoi passerons-nous notre temps, chère sœur ?

MISS JENNY

Je vais mettre en ordre mes notes de voyage.

LADY CLARA

Est-ce qu'elles n'y sont pas déjà ? il y a trois jours que vous travaillez à les classer.

MISS JENNY

C'est une occupation philosophique: en les lisant, je me pénètre de plus en plus d'un sentiment de respect pour moi-même et pour mes aïeules.

Mme WALTER (bas)

Que n'ont-elles fait comme toi.

MISS JENNY

Vous dites, Madame?

M™ WALTER

Je dis... *very well.*

MISS JENNY (à Clara)

Venez-vous, Milady ?

LADY CLARA

Sans doute, n'ayant pas vos ressources philosophiques, j'étais à réfléchir comment je tuerais le temps... Je ferai tout simplement un peu de musique. (Elles sortent par la gauche)

SCÈNE II

M™ WALTER, JINGLEFORT (Avec un *Guide* sous le bras), JOHN (Il tient un sac de voyage d'une main et une cage pleine d'oiseaux de l'autre)

JINGLEFORT

Oh !... comme il pleuve dans cette pays ! John, mettez le valise sous le table, et le cage dessious... Faites bien attention à le cage !

JOHN (*)

Yes, Milord.

JINGLEFORT

Vous tenir bien sèche le cage !

(*) John, Jinglefort, Miss Walter.

JOHN

Yes, Milord.

JINGLEFORT (à M⁰⁰ Walter)

Je voulais pas enrhumer les petits oiseaux (1).

M⁰⁰ WALTER

C'est bien pensé ; mais, vous-même, vous allez prendre mal... vous êtes trempé comme une soupe !

JINGLEFORT

Not, not... touche, vous, mon *water proof,* il être toute sèche. Les étoffes de notre nation sont comme ses rasoirs... *Superior semper.* — John !

JOHN

Mylord !

JINGLEFORT

Prenne, vous, mon *water proof.*

M⁰⁰ WALTER (le lui ôtant et le remettant à John)

Laissez-moi faire... voilà !

JINGLEFORT

Oh ! comme il est gentille le petite hôtesse ! (Il ouvre son *Guide.*) Dites, vous... ce être bien ici le hôtel... le hôtel... je voulais dire vous être bien le *Lion d'Or ?*

M⁰⁰ WALTER

Certainement, Mylord.

(1) Prononcer : *les pétits sossos.*

JINGLEFORT (refermant son livre)

Wery well, donne, vous, le appartement de moi.

M **WALTER**

Vous me voyez bien contrariée, Mylord, mais tout est pris pour le moment... Je ne puis vous offrir que ce salon.

JINGLEFORT

Alors, je voulais (rouvrant son *Guide*) l'hôtel de la *Croix Blanche*... — John ! prenne, vous, le valise et le cage ! (Fausse sortie) *Aoh! not*... Il être trop gentille le petite hôtesse. — John, remette, vous, le valise et le cage. (John replace les objets qu'il avait enlevés).

M **WALTER**

(A part). Au moins, en voici un d'aimable. (Haut) Soyez sans inquiétude, Milord ; dès que la pluie aura cessé, je pourrais vous donner le plus bel appartement de l'hôtel, (montrant à gauche), celui qui est à côté d'ici. Il est occupé par deux de vos compatriotes qui allaient partir au moment où l'orage a éclaté... C'est un petit salon avec deux chambres à coucher indépendantes. Restez-vous longtemps, Milord ?

JINGLEFORT

Aoh ! tant qu'il plovera ! S'il plove ce matin, je veux diner ; s'il plove cette nuit, je veux coucher.

M **WALTER**

Et si la pluie cesse ?

JINGLEFORT

Aoh !... alors je volais voir (ouvrant son *Guide*) le cathédrale, le église de Saint-Théodule, le hôtel de ville, le tour des Kalendes, le tour des Chiens, le château de Tourbillon, le tour de Majoria. (Fermant son *Guide*).

M™ WALTER

En ce cas, demeurez dans ce salon jusqu'au beau temps, et si ces dames ou d'autres voyageurs ne sont pas partis ce soir, à la guerre comme à la guerre, je vous céderai ma chambre.

JINGLEFORT

Aoh ! et où alle-vous coucher ?

M™ WALTER

A la cave, au grenier, n'importe où ; cela m'arrive bien des fois, quand nous avons trop de monde.

JINGLEFORT

Goddam ! je volais pas déranger le petite hôtesse. Quel âge il a le petite hôtesse ?

M™ WALTER

Devinez, Mylord.

JINGLEFORT

Je devine vingt ans, l'âge de mon petite femme.

M™ WALTER

Comment, Mylord, vous avez une femme de vingt ans et vous voyagez seul !... c'est donc qu'elle a horreur du mouvement ?

JINGLEFORT

Aoh ! non. Je avais épousé elle, parce qu'il aime beaucoup fort les voyages ; moi aussi j'aime beaucoup fort les voyages ; mais Milady il voulait pas se séparer de son sœur, et son sœur il m'être tout à fait incompatible.

M** WALTER

Comment dites-vous ?

JINGLEFORT

Incompatible... Oh ! yes, incompatible... Je aime beaucoup les petits oiseaux, et Miss il aime beaucoup le chat... le chat il mangeait les petits oiseaux, et moi je mangeais... *not, not !* je tuais le chat.

M** WALTER

Je comprends, mais, une fois le chat mort, pourquoi n'avez-vous pas voyagé ensemble ?

JINGLEFORT

Je voulais aller le Amérique, et mon belle-sœur il voulait le Europe... Il être bien original, mon belle-sœur, il voulait marcher contre le soleil... *Yes, yes,* il voulait jamais tourner le dos au soleil...

M** WALTER

Et, alors, elle parcourt l'Europe avec votre femme ?

JINGLEFORT

Yes, et moi j'ai fini le Amérique et je viens de Suez.

M** WALTER

Et vous n'avez pas des nouvelles de Milady, vous ne savez pas où elle est en ce moment ?

JINGLEFORT

Not, je ne sais pas.

M** WALTER

Et vous ne tenez pas à le savoir ?

JINGLEFORT

Not, je tenais pas ; dites, vous, John ? Je tiens pas...

JOHN

Not, Mylord.

JINGLEFORT

Milady il me contrariait bien beaucoup. Je aime beaucoup le musique chantée, et quand je disais à Milady : Chante, vous... il chantait pas, il jouait le piano, et le piano il agaçait toutes mes nerfs.

Mme WALTER

Peut-être n'avait-elle pas de voix, ou bien n'avait-elle pas appris à chanter ?

JINGLEFORT

Yes, ce était le raisonnement de Milady, mais les petits oiseaux, ils n'ont pas appris le musique et ils chantent tout seuls. Je disais à Milady : Chante, vous, comme les petits oiseaux ; chante, vous, le matin. Mais il voulait pas. Milady il ouvrait le bouche pour parler, il ouvrait le bouche pour manger, il ouvrait jamais le bouche pour chanter... *Aoh !* petite hôtesse, donne-moi le graines pour faire déjeuner les oiseaux de moi.

Mme WALTER

Oui, Mylord, je vais m'en occuper.

JINGLEFORT

John !

JOHN

Mylord ?

4.

JINGLEFORT

Voye, vous, si les petits oiseaux volent le *beef-teak* pour déjeuner.

JOHN

Yes, Mylord !

M== WALTER

Sans adieu, Mylord. (Elle sort par la droite).

JINGLEFORT

Bonsoir, bonsoir, le petite hôtesse !

SCÈNE III

JINGLEFORT, JOHN

JINGLEFORT (s'approchant de la cage)

Comme ils sont jolis les petits oiseaux !... *Yes*, jolis... bien jolis... *Pitit, pitit, pitit*... Donnez le bonjour au petit maître, au petit papa de vous... *Kiss... kiss... kiss...* Comme ils chantent bien ! *Tiou, tiou, tiou*... Je aimais tant le musique des petits oiseaux... Clara !... Je avais donné le nom de Milady à la petite veuve. Clara !... Clara !... (appelant) John !

JOHN

Mylord ?

JINGLEFORT

Il être bien joli Milady !

JOHN

Yes, Mylord (Il bâille). Ah!

JINGLEFORT

John, vous bâillez! vous vous ennuyez?

JOHN

Yes, Mylord.

JINGLEFORT

Vous ennuyez vous de voyager toute seul avec moi; je ennuie moi de voyager toute seul avec vous. Les petits oiseaux ils voyagent jamais tout seuls. (On entend dans la coulisse à gauche la voix de Clara chantant la romance suivante):

ROMANCE

(Poésie de Th. Séguret. — Musique de Léopold Amat)

Rêve, parfum ou frais murmure,
Petit oiseau, qui donc es-tu?
Je suis l'amant de la nature
Créé par Dieu, par lui vêtu;
Je suis un prince sans royaume,
Je suis heureux, peu m'importe où;
Et, malgré tout ce qu'en dit l'homme,
Je suis le sage, il est le fou! (*bis*)
Rêve, parfum, etc.

JINGLEFORT

John, je devenir fol... le belle voix... le belle musique... je devenir fol *very fol*!

JOHN

Yes, Mylord.

SCÈNE IV

Les précédents, Mme WALTER

Mme WALTER

Mylord, voici la graine que vous m'avez demandée pour vos oiseaux.

JINGLEFORT

Taise-vous... je écoutais le musique... Ecoute, vous, petite hôtesse... — John !

JOHN

Mylord ?

JINGLEFORT

Rapproche, vous, le cage un peu plus loin, pour faire écouter le musique aux petits oiseaux.

JOHN

Yes, Mylord.

CLARA (dans la coulisse)

(Même air)

>Dans tes chansons toujours joyeuses,
>Petit oiseau, que chantes-tu ?
>Je chante mes plumes soyeuses,
>Ma liberté, mon bois touffu ;
>Je chante l'astre qui rayonne
>Et ma compagne et mes amours ;
>Je chante le Dieu qui me donne
>Le grain de mil et les beaux jours.
>   Dans tes chansons, etc.

JINGLEFORT

Petite hôtesse, donne, vous, le grain de mil, comme le bon Dieu dans le chanson... Vous connaissez le chanteuse ?

M⁻ᵉ WALTER (*)

Certainement, c'est une de ces dames anglaises dont je vous parlais tout à l'heure. Voulez-vous que je vous présente à elles ?

JINGLEFORT

Not... vous connaissez milady, mais vous connaissez pas encore moi... Vous pouvez faire le présentation de milady à moi... le présentation de moi à milady, vous pouvez pas.

M⁻ᵉ WALTER

Je n'entends rien à toutes ces finesses... je vais toujours voir si ces dames ne manquent de rien et leur faire offre de mes services. (Elle s'achemine vers la gauche.)

JINGLEFORT

Je vous défends de faire le présentation de moi.

M⁻ᵉ WALTER

Soyez tranquille. (Elle sort par la gauche.)

(*) John, M⁻ᵉ Walter, Jinglefort.

SCÈNE V

JINGLEFORT, JOHN.

JINGLEFORT

John !

JOHN

Mylord ?

JINGLEFORT

Voye, vous, s'il fait toujours le pluie.

JOHN (allant sur la droite)

Yes, Mylord.

JINGLEFORT

John !

JOHN

Mylord ?

JINGLEFORT

Ouvre le valise, et donne à moi l'accordéon. Je veux faire le musique. Les petits oiseaux, ils aiment beaucoup l'accordéon. (Il joue de l'accordéon d'une manière discordante.) (Au public) Je volais pas faire le musique, je avais trouvé le présentation, ce être un stratagème pour le présentation.

SCÈNE VI

Les précédents, Mme WALTER

Mme WALTER (*)

Mylord, ces dames m'ont chargé de vous dire qu'elles vous prient de cesser complètement l'occupation à laquelle vous vous livrez en ce moment; si leur chant vous déplaît, elles s'engagent à ne pas le recommencer, mais elles vous demandent en grâce de vous abstenir d'une harmonie qui les incommode.

JINGLEFORT

Je volais pas incommoder ces dames : toute le contraire ! je volais bis le chanson des petits oiseaux, et, si elles volaient pas bis, je avais le droit de faire mon musique et je ferai toujours, toujours, mon musique pour avoir bis le chanson des petits oiseäux.

Mme WALTER

C'est bien ! je vais faire votre commission. (Elle sort.)

JINGLEFORT

John, chante, vous, chante le romance avec moi. (Ils chantent d'une manière discordante.)

> Songe, parfum ou doux murmure,
> Petit oiseau, que vole-tu ?
> Je étais l'amant de la nature,
> Je suis le sage, il est le fol.

(*) John, Mme Walter, Jinglefort.

Voye vous, John, comme le musique il fait plaisir aux petits oiseaux... ils sont tous sens *dessious* dessous.

JOHN (éternuant)

Atchem !

JINGLEFORT

Vous avez raison, John, c'est le Natcheur. (Chantant)

Je suis amant de la...

(Il prononce le mot de *Natcheur* en éternuant. C'est ainsi que les Anglais prononcent *nature*.)

SCÈNE VII (ET DERNIÈRE)

Les précédents, MISS JENNY, MILADY CLARA, Mme WALTER

MISS JENNY

Quelle tyrannie est donc celle-là ! et qui oserait ? (Apercevant Jinglefort) *Aoh !...* (*)

JINGLEFORT

Aoh !

CLARA

Aoh !

Mme WALTER

Mais qu'avez-vous donc les uns et les autres ?

(*) John, Miss Jenny, Jinglefort, Clara, Mme Walter.

JINGLEFORT

Milady mon femme !

CLARA

Mon mari !

MISS JENNY

Mon affreux beau-frère !

JINGLEFORT

Comme il est aimable, le charmante belle-sœur !

MISS JENNY

Mais, dites-moi donc, par quel hasard n'êtes-vous plus en Amérique ?

JINGLEFORT

J'ai fini le Amérique, je vole marcher en Europe avec le soleil. (A miss Jenny) Vous chanter les petits oiseaux ?

MISS JENNY

Not... ce être milady... elle a pris des leçons de chant depuis votre départ.

JINGLEFORT

Oh ! le bonne surprise ! Vous avez plus le chat ? Miss Butterson.

LADY CLARA

Non... le dernier qu'elle a eu l'a fortement griffée.

MISS JENNY (relevant sa manche et montrant son bras)

Very well.

LADY CLARA

Désormais, elle est brouillée avec l'espèce.

JINGLEFORT

Oh! le bonne surprise! Milady, vo ennuyez pas, vous, de voyager toute seule?

LADY CLARA

Oh, yes! je le disais tantôt à ma sœur.

JINGLEFORT

Et moi, je disais le même chose à John tout à l'heure. Milady, touche-moi la main.

LADY CLARA (la secouant fortement)

Very well, Mylord.

JINGLEFORT (à miss Jenny)

Touche-moi la main, miss Butterson. (Moment d'hésitation de Miss.) Oh! touche-moi la main. (Il la lui secoue.) Je contrarie vous, vous contrarier moi; nous allons bien nous amuser.

M⁰⁰ WALTER

La pluie a cessé... le temps devient superbe.

JINGLEFORT

Regarde, vous, John, si le pluie avait fini.

JOHN

Yes, Mylord.

JINGLEFORT

Bien! Je volais voir le hôtel de ville, le tour des Chiens, le château de Tourbillon, toutes les églises, toutes les châteaux. Volez-vous mon bras, Milady?

LADY CLARA

Certainement, Mylord.

Mme WALTER

Alors, vous nous restez, Mylord?

JINGLEFORT

Oh, yes !... je reste et je invite toute la compagnie à souper avec le vieux enfant prodigue... le *roast beef* vale bien le veau gras... (A Milady) Comme il est gentil le petite hôtesse! (A Mme Walter) Comme il est joli mon petite femme!... — John!

JOHN

Mylord?

JINGLEFORT

Prenne, vous, le cage... je vole promener avec nous les petits oiseaux.

JOHN

Yes, Mylord.

JINGLEFORT

Milady, dites, vous, un peu le petite chanson que vous chante si bien.

LADY CLARA (au public)

(Même air)

Si ma chanson et mon ramage
Ont triomphé de mon époux,
Pour avoir un nouveau suffrage,
J'ose, Messieurs, compter sur vous.

Petit oiseau, loin de ma cage,
Je m'ennuyais en liberté,
Et je reprends mon esclavage
Avec bonheur, avec gaieté.

Ah!

Si ma chanson et son ramage
Vous ont charmé, ce n'est pas tout:
Applaudissez notre voyage;
Qu'il soit heureux jusques au bout.

KETTLY

PERSONNAGES

STOURM, aubergiste.
FRITZ, chasseur de chamois.
RIGAUD, peintre français.
Mylord JINGLEFORT, voyageur anglais.
KETTLY, fille de Stourm.

La scène se passe à Sion en Valais. — Le théâtre représente une salle d'auberge; porte d'entrée au fond et portes latérales, à droite et à gauche; de ce côté une table et ce qu'il faut pour écrire.

Toutes les indications sont prises de la gauche du spectateur.

KETTLY [1]

PROVERBE

SCÈNE PREMIÈRE

STOURM (écrivant sur la table à gauche)

Passons aux recettes... juillet 913 francs, août 1215, septembre 1125; 3 et 5 font 8, 8 et 5 font 13; je pose trois et je retiens un. (Il continue son addition tout bas) (Haut) Total du trimestre : 3253 francs... Mme Walter n'a pas fait une si mauvaise affaire en me vendant son auberge... mais, au fait, pourquoi me plaindrai-je? Par le temps qui court, c'est encore une bonne année. N'importe, je vois qu'il faudra désormais appuyer un peu plus sur le client; en voici un!... un anglais sans doute... Quelle physionomie de bonnet de nuit! (Il se lève et va au-devant du voyageur.)

SCÈNE II

STOURM, LORD JINGLEFORT

JINGLEFORT [*] (entrant par le fond)
Je vôlais le hôtesse du *Lion d'Or*.

---

[1] Cette pièce fait suite à celle d'*En Suisse*.
[*] Stourm, Jinglefort.

STOURM

Voilà, Mylord.

JINGLEFORT

Vous n'êtes pas le hôtesse du *Lion d'Or*.

STOURM

Alors, c'est à ma fille que vous voulez parler; je vais l'appeler. (Appelant à droite) Kettly ! (*)

JINGLEFORT

Non, vous n'êtes pas papa du petite hôtesse du *Lion d'Or*.

STOURM

Comment, comment !

JINGLEFORT

Le petite hôtesse, il était mistress Walter.

STOURM

Je comprends, vous avez passé ici autrefois.

JINGLEFORT

Aoh yes, il être deux ans (1).

STOURM

Douze ans !

JINGLEFORT

Aoh not, je disais deux... *two*. (Il indique *deux* avec les doigts.)

(*) Jinglefort, Stourm.
(1) L'acteur doit prononcer *deux* comme *two* anglais suivi d'un *s*.

STOURM

J'y suis... c'était du temps de Mme Walter ; je l'ai remplacée depuis dix-huit mois.

JINGLEFORT

Tant pis !

STOURM

Comment *tant pis* !... Je vous prie de croire que depuis moi le *Lion d'Or* n'a pas cessé d'être le premier hôtel de Sion et de tout le Valais.

JINGLEFORT

Ce est possible... mais je regrettais infiniment le petite hôtesse... je vôlais causer avec elle, *oh yes*, beaucoup causer, je vôlais plôrer avec elle.

STOURM

Pleurer !

JINGLEFORT

Oh yes, beaucoup plôrer. Donne, vous, à moi le clef du chambre du numéro 2. (Il indique 2 avec les doigts)

STOURM

Pourquoi faire ?

JINGLEFORT

Je vôlais plôrer, toutes les matins, pendant huit jours dans le numéro 2.

STOURM

Je ne comprends pas.

JINGLEFORT (s'accoudant sur la table)

Aoh... Aoh...

STOURM

Qu'est-ce qui lui prend !

JINGLEFORT (sanglotant)

Aoh... Aoh...

STOURM

Décidément, c'est un original.

JINGLEFORT

Oh pauvre Milady Jinglefort... Milady c'était mon femme.

STOURM

Vous vous appelez M. Jinglefort ?

JINGLEFORT

Oh yes... Milady ce était mon femme à moi, et je avais perdu le femme de moi.

STOURM

Vous l'avez perdue !

JINGLEFORT

Oh yes, après l'avoir retrouvée ici dans cette auberge.

STOURM

Vous voulez dire dans cet hôtel ; mais, si vous l'avez retrouvée une première fois après l'avoir perdue, vous pourrez bien la retrouver une seconde fois encore.

JINGLEFORT (se levant)

Oh non... cette fois il est morte.

STOURM

Ah diable !

JINGLEFORT

Nous avons passé huit jours dans cette hôtel, le numéro 2 il était notre chambre ; donne vous à moi le clef du numéro 2.

STOURM

Mylord, veuillez prendre la peine d'attendre quelques instants encore ; le numéro 2 est actuellement occupé par un jeune peintre français qui est sorti de bonne heure pour dessiner d'après nature, il a emporté sa clef, mais il ne va pas tarder à rentrer ; à midi l'appartement sera libre, et vous pourrez satisfaire tout à votre aise une douleur bien légitime.

JINGLEFORT

Aoh not..., l'après-midi je plôrais pas, je étais philosophe.

STOURM

Comment dites-vous ?

JINGLEFORT

Je avais bien beaucoup de chagrin de avoir perdu mon femme, aussi je plôrais Milady, toutes les matins, et, toutes les soirs, je étais philosophe.

STOURM

Veuillez m'expliquer... je ne comprends pas.

JINGLEFORT

A midi je mangeais bien... je buvais bien... *oh yes*, je buvais bien, je plôrais point, et je avais grande contentement.

STOURM

Très bien ! et qu'allez-vous faire jusques-là ?...

JINGLEFORT

Je allais voir le tour des Chiens, le château de Tourbillon, tout ce que je avais visité avec mon pauvre femme, toutes les églises et toutes les châteaux.

STOURM

Et vous pleurerez tout le temps?

JINGLEFORT (passant à droite)

Toute le temps... Prépare, vous, à midi, un bon déjeuner pour moi.

STOURM (*)

Oui, Mylord.

JINGLEFORT

Vous y mettrez des bécasses, *two* (faisant le geste).

STOURM (faisant le geste)

Deux bécasses, mylord?

JINGLEFORT

Oh yes, le premier déjeuner que je avais fait ici avec Milady, je avais mangé deux bécasses avec elle. Milady, il aimait *very well* les bécasses, je ne pouvais plus manger deux bécasses sans penser à Milady. *Aoh... Aoh...*

STOURM

Voilà une singulière douleur !

JINGLEFORT

Vous mettrez du vin de Porto.

STOURM

De Bordeaux.

(*) Stourm, Jinglefort.

JINGLEFORT (avec humeur)

Porto; je avais beaucoup de chagrin, cette matin; et, cette soir, je avais besoin de beaucoup fort de contentement.

STOURM

Il suffit.

JINGLEFORT

(Fausse sortie) N'oubliez pas le Porto... (Il s'en va en sanglotant : *Aoh... Aoh...* Sortie par le fond).

SCÈNE II

STOURM (seul) puis FRITZ

STOURM

Chacun a sa manière de sentir... Ma foi, j'aime assez celle-ci. Quels gens logiques que ces Anglais! ils savent faire la part de tout. Je conterai la chose aux couples qu'amène ici la lune de miel, pour qu'ils en fassent leur profit. Qui vient encore?... Ah c'est Fritz...; lui aussi a l'air lugubre... Quel est donc le vent qui souffle ici aujourd'hui?

FRITZ (entrant par le fond et d'un ton caverneux)

Bonsoir, monsieur Stourm.

STOURM (le contrefaisant et du même ton)

Bonsoir, Monsieur Fritz... Que m'apportes-tu là ? As-tu tué un chamois ?

FRITZ (sèchement)

Non.

STOURM

Depuis quelque temps cela ne t'arrive plus. Quoi! déjà rouillé! un tireur de ta force, le premier prix du dernier concours!

FRITZ (d'un ton bourru)

Pour bien chasser, il faudrait avoir le cœur joyeux, et je ne l'ai pas.

STOURM

De sorte que tu n'as rien là, dans ton carnier...?

FRITZ (toujours sombre)

A peu près rien... deux bécasses...

STOURM (se précipitant sur le carnier)

Deux bécasses! mon ami, c'est le Ciel qui me les envoie. Je t'embrasserai volontiers!

FRITZ

J'aimerai mieux que ce fût votre fille, mais elle n'y paraît guère disposée.

STOURM (les retirant du carnier)

Sont-elles belles!

FRITZ

D'où vous vient aujourd'hui cette passion pour les bécasses?

STOURM

Un Anglais vient de m'en demander deux; celles-ci ont beau être fraîches, tu sais que j'ai un secret pour les avancer; je te les retiens, à notre prix ordinaire.

FRITZ

Elles ne vous coûteront rien, cette fois..., à une condition seulement.

STOURM

Laquelle?

FRITZ

Que vous allez me répondre catégoriquement.

STOURM

Je te vois venir, il s'agit de Kettly.

FRITZ

Précisément ; vous vous rappelez nos accords.

STOURM

Quels accords ? que veux-tu dire ?

FRITZ

Ecoutez-moi bien : voilà près de deux ans que vous êtes arrivé ici de Berne où vous aviez amassé une certaine fortune.

STOURM

Ce n'est pas la peine d'en parler, quelques économies...

FRITZ

Vous achetâtes cet hôtel 30,000 francs.

STOURM

40,000 francs, s'il te plait.

FRITZ

Je ne vous ai jamais entendu parler que de 30,000.

STOURM

Oui, mais avec les frais et les réparations l'établissement me revient à 40,000.

FRITZ

Soit ! là question n'est pas là ; quand vous aviez quitté ce pays, Kettly n'était qu'une enfant, vous l'avez ramenée jeune fille.

STOURM

Elle m'est d'un grand secours.

FRITZ

Je ne vous dis pas le contraire ; aussi, bien qu'elle me plût et que j'eusse voulu l'épouser de suite, vous me demandâtes de vous la laisser encore un an. Nous nous fiançâmes.

STOURM

Je ne l'ai pas oublié.

FRITZ

Et il fut dit qu'après la noce vous me prendriez avec vous et vous m'associeriez à votre établissement.

STOURM

Ta... ta... ta..., ce n'est pas cela...; nous avons été d'accord qu'une fois marié tu me servirais comme garçon pendant un an, après quoi tu me rembourserais la moitié de la valeur de l'hôtel, l'autre moitié devant représenter la dot de Kettly ; voilà ce qui a été convenu entre moi et monsieur ton père.

FRITZ

Oui, mais il a oublié l'essentiel.

STOURM

Quoi donc ?

FRITZ

De fixer cette valeur...

STOURM

Il y aura toujours moyen de s'entendre sur ce point.

FRITZ

C'est possible ; mais, pour le quart d'heure, quelle en serait l'utilité ? Votre fille ne prend plus la peine de dissimuler l'intention de dégager sa parole.

STOURM

Ne crois pas cela, mon garçon, tu es la victime de ton imagination.

FRITZ

Plût au Ciel ! Nous devions d'abord nous marier au mois de mai.

STOURM

Cela vous eût porté malheur à l'un ou à l'autre.

FRITZ

C'est ce qu'elle m'a dit, puis, ç'a été en juin, puis en juillet.

STOURM

Deux mois bien chauds !

FRITZ

C'est ce qu'elle m'a dit ; puis, au mois d'août.

STOURM

Tu connais le proverbe :

> *Ne prends, au mois d'août,*
> *Ni femme ni choux.*

FRITZ

Nous voilà en septembre ; suis-je plus avancé ?

STOURM

Eh bien ! mon garçon, il ne faut pas que cela te surprenne. Tu sais qu'en ce pays les jeunes filles tiennent à être longtemps courtisées, ces pauvres poulettes, ça n'est pas bâti comme vous autres, messieurs les rustres... Quand le jour solennel approche, ça tremble, ça hésite, ça recule ; j'en suis un exemple, mon garçon ; si je n'avais enlevé feue Mme Stourm, jamais elle ne se fût décidée à prononcer le *oui* fatal.

FRITZ

Vous avez enlevé votre femme !

STOURM

Et j'y ai eu du mérite ! elle pesait bien 130 livres de Suisse... Oh ! si tu nous avais vus, il s'agissait de traverser un torrent, et je la portais sur mes épaules ; j'avais le sabre aux dents et deux pistolets à la ceinture. Enlève Kettly, enlève-la, mon brave, elle pèse si peu, et rien ne te sera plus facile.

FRITZ (avec humeur)

Père Stourm, vous vous moquez de moi outrageusement ; j'y vois clair et je ne serai pas votre dupe ; Kettly et vous, vous vous entendez tous les deux pour me manquer de parole.

STOURM

Par exemple ! est-ce ma faute, si tu n'as pas le talent de lui plaire ?

FRITZ

Oui, c'est votre faute. Pourquoi avez-vous fait si bon accueil, l'année dernière, à ce jeune peintre qui est revenu cette année ?

STOURM

Mon hôtel est ouvert à tous ceux qui payent.

FRITZ

Et, justement, lui, qui est demeuré ici un mois, n'a payé que la première semaine ; le reste du temps vous lui avez fait crédit.

STOURM

Tu oublies qu'il m'avait laissé quelques-uns de ses dessins en gage, un connaisseur me les a achetés et j'ai été largement indemnisé.

FRITZ

Voilà que ce jeune homme revient, cette année, et vous le recevez tout de même, vous savez pourtant qu'il fait la cour à Kettly.

STOURM

Ah bah !... En es-tu bien sûr ?

FRITZ

Quelle mauvaise plaisanterie ! Vous-même, à cette occasion, vous avez donné une paire de soufflets à votre fille.

STOURM

Eh bien ! tu le vois ; cela ne l'a pas corrigée... mauvais moyen, mon garçon, mauvais moyen !

FRITZ

Je parierais qu'en ce moment-ci vous faites crédit à ce drôle.

STOURM

Quand cela serait, je trouverai bien le secret de me faire payer.

FRITZ

Payer... payer..., vous n'avez jamais que ce mot à la bouche.

STOURM

Je te conseille de parler, est-ce que tu prendrais ma fille sans dot, toi, hein ?...

FRITZ

Mais...

STOURM

Mais... mais...; voyez donc ces fanfarons ! Veux-tu que je le dise ? Tu aimes peut-être un peu ma fille, mais ce sont surtout les beaux yeux de mon hôtel qui ont touché ton cœur.

FRITZ

Si l'on peut dire !

STOURM

Oh ! elle a compris cela, la petite ; voilà pourquoi elle te bat froid.

FRITZ

Eh bien ! puisque vous avez cette idée, allez au diable et qu'elle épouse son gueux de peintre.

STOURM

Eh ! eh ! il ne sera pas toujours aussi gueux que tu le penses. Pour sûr, c'est un homme qui, dans peu de temps, gagnera plus d'argent que nous deux ensemble.

FRITZ

Oui, et il l'aura mangé encore plus vite.

STOURM

(A part) Il a peut-être raison, ne le décourageons pas. (Haut) Allons, Fritz, ne prends pas la mouche comme cela à propos de rien, tu es trop vif, mon ami.

FRITZ (étonné)

Moi, vif !

STOURM

Oui, oui. Voyons, que désires-tu ? Je ferai ce que tu voudras.

FRITZ

Eh bien ! renvoyez-moi ce peintre.

STOURM

Gratis ?

FRITZ

Assurément ! vous retrouverez cela avec moi plus tard.

STOURM

Oh ! très tard ; c'est égal, je le ferai pour t'être agréable, je vais lui dire de faire sa malle et de se disposer à partir demain matin de très bonne heure. Cela te va-t-il ?... Es-tu content ?

FRITZ

Vous me le promettez ?

STOURM

Certainement.

FRITZ

Je viendrai tout à l'heure vous le rappeler.

STOURM

Que tu es méfiant !

FRITZ

Je ne vous dis pas adieu.

STOURM

Ni moi non plus... Tu passes par la cuisine ?

FRITZ

Oui, je vais laisser les bécasses à Kettly.

STOURM

Recommande-lui bien de les mettre de suite au travail.

FRITZ

Oui, oui. (Il sort par la droite.)

SCÈNE III

STOURM (seul d'abord), puis RIGAUD (qui entre par le fond)

STOURM

Ce qu'il dit peut être fort juste, il y a gros à risquer avec ces artistes, mais il ne se doute pas combien Kettly en tient... je parie qu'il arrivera ceci... nous resterons entre deux selles... ma foi, tant pis... Ah! bon, voilà justement le particulier... c'est sa mauvaise étoile qui l'amène.

RIGAUD (déposant son cartable et se jetant sur une chaise) (*)
Ouf!

STOURM

Vous avez l'air fatigué, monsieur Rigaud.

RIGAUD

Oui, mais je suis bien aise... j'ai achevé mon grand paysage... Donnez-moi un verre de kirsch.

(*) Rigaud, Stourm.

STOURM

C'est toujours ce dessin qui doit vous servir pour votre grand tableau de l'exposition ?

RIGAUD

Précisément... Voulez-vous...

STOURM

Combien comptez-vous le vendre... votre tableau de l'exposition ?

RIGAUD

Est-ce que je le sais ?... Il n'est pas seulement commencé !

STOURM

Mais, quand il sera fini... A peu près ?

RIGAUD

C'est affaire de chance... Je vous ai demandé un verre de kirsch.

STOURM

J'ai bien entendu, mais c'est que j'ai quelque chose à vous dire et, si je tarde, cela me sortirait peut-être de la tête.

RIGAUD (se levant)

Dites !...

STOURM

Ce serait de régler notre compte ; puisque vous avez terminé votre paysage, vous avez probablement, sûrement, je veux dire, le projet de partir demain matin.

RIGAUD

Non, pas du tout ; il y a deux raisons qui me retiennent ici, et toutes les deux excellentes.

STOURM

Ah bah !...

RIGAUD

La première, c'est que cela me convient.

STOURM

Voyons la seconde.

RIGAUD

Et la seconde... c'est que cela vous convient aussi.

STOURM

A moi !...

RIGAUD

Oui, je n'ai pas le sou, et, si je partais, vous ne seriez pas payé.

STOURM

Cela m'est égal.

RIGAUD

Mais pas à moi, j'ai de la conscience, j'entends que vous soyez payé jusqu'au dernier centime... Et ce kirsch ?

STOURM

Tout à l'heure.

RIGAUD

Tenez, je parierais gros que le premier voyageur qui passera par ici se chargera de payer pour moi.

STOURM

Cela pourrait bien être... mais, de toute façon, je désirerai que vous me cédiez votre chambre de suite.

RIGAUD
Par exemple et pourquoi faire ?

STOURM
Je vous en donnerai une plus belle à la place; voulez-vous le numéro 1, d'où il y a une si belle vue ?

RIGAUD
Mais pourquoi quitterais-je ma chambre où je me trouve fort bien ?

STOURM
Je la voudrais pour un étranger qui vient d'arriver... un anglais.

RIGAUD
Un anglais.... alors je reste. (Chantant à plein gosier) *Jamais, jamais en France, jamais l'Anglais ne règnera; non ne règnera, non ne règnera...* (Parlant) Non, non, non.

STOURM
Oh! si vous saviez, le pauvre homme ! il m'a fait pitié ! il a perdu sa femme avec laquelle il avait logé dans cette chambre, c'est pour cela qu'il y tient.

RIGAUD
Oh! alors c'est bien différend; et elle était jolie sa femme ?

STOURM
Très jolie.

RIGAUD
Tant pis !... si j'aime peu les anglais, en revanche j'aime beaucoup les anglaises...

STOURM

Oui, et en général toutes les étrangères.

RIGAUD

Père Stourm, je crois que vous devenez malin.

STOURM

Non, sérieusement, M. Rigaud, il faut que je vous dise tout ce que j'ai sur le cœur, vous êtes trop poli pour ma fille.

RIGAUD

(A part) Il appelle cela poli.

STOURM

On en jase, son fiancé a pris le mors aux dents, et je lui ai donné ma parole d'honneur que vous partiriez demain.

RIGAUD

Demain !...

STOURM

Oui, de bon matin; vous ne pouvez pas me refuser ce petit service... D'ailleurs, après tout, je suis le père de Kettly et si je disais : *je veux*... mais je n'aurai pas besoin de le dire. (D'un ton câlin) N'est-ce pas, mon bon ami, c'est bien entendu, demain vous déguerpissez ?

RIGAUD

Comment dites-vous ? Je ne comprends pas.

STOURM

(Vivement) Vous ficherez le camp... Comprenez-vous ?

RIGAUD

Ah vraiment, père Stourm, je ne vous reconnais plus; vous

avez failli jurer et vous refusez mon argent, mais moi aussi je suis têtu et je vous paierai malgré vous. (Prenant une chaise qu'il place devant Stourm.) Tenez, asseyez-vous là, ou plutôt mettez-vous à cheval ; oui, là, sur cette chaise.

STOURM (levant à moitié la jambe)

Pourquoi faire ?...

RIGAUD (le plaçant par force)

Ne bougez pas, je vais vous croquer.

STOURM

Me croquer !

RIGAUD

Oui, élevez votre main ; là, comme si vous teniez un verre.

STOURM

Mais, dites-moi...

RIGAUD

Je veux remplacer votre enseigne qui est vieille et sale.

STOURM

Vous allez me peindre en *Lion d'Or?*

RIGAUD

Fi donc ! Figurez-vous que votre chaise est un tonneau ; le beau *Bacchus* que vous allez faire !

STOURM

Pas de ça, pas de ça ! je ne veux pas changer le titre de mon enseigne ; faites de moi un *Lion d'Or*, ou je ne m'en mêle pas.

RIGAUD

Alors je ne vois qu'un moyen de payer ma dette.

STOURM

Lequel ?

RIGAUD

C'est de faire le portrait de Mlle votre fille.

STOURM

Je veux bien ; mais, à condition qu'il sera fini ce soir.

RIGAUD

C'est impossible.

STOURM

Alors, c'est comme si nous n'avions rien dit.

RIGAUD

Songez donc que l'huile n'aura pas le temps de sécher. Cependant, si j'y ajoute du kirsch, la besogne marchera plus vite, comprenez-vous ?

STOURM

Parfaitement... Kettly va vous le porter, et je vais la mettre au courant de tout. (Il sort par la droite).

SCÈNE IV

RIGAUD (seul)

Nous y voilà... Parbleu... un peu plus tôt... un peu plus tard, fallait-il pas que la bombe éclate ! C'est égal, j'en tiens pour cette morveuse, et je me sens rudement secoué...; mais, au fait, pourquoi quitter la place, je m'accommoderai très bien de la dot, et il ne s'agit plus que de venir à bout de ce gros tudesque. — Précisément, un beau-père qui calcule, c'est là le *hic*.. Ah bah ! il y a un dieu pour les artistes... O Cupidon ! toi qui existes encore, grâce à nos pinceaux, prête-moi ton carquois et tes flèches les plus acérées... *Motus*... c'est elle...

SCÈNE V

RIGAUD, KETTLY (arrivant avec un flacon de kirsch et des petits verres qu'elle dépose sur la table)

RIGAUD

C'est vous, Kettly... (Soupirant) Ah Kettly !

KETTLY (*)

Ah ! Rigaud... Mon père m'a dit que vous vouliez boire.

RIGAUD

Oui, oui, pour m'étourdir, Kettly...; mais la soif me passe en vous voyant... Mettez toujours cela sur la table. (*Kettly dépose les verres.*) Elle reviendra peut-être tout à l'heure ; et dire qu'il faut partir, vous quitter ! Comprenez-vous cela, Kettly ?

KETTLY

Hélas ! mon père le veut et il vient de me le dire. Au moins, si vous n'alliez pas à Paris...

(*) Kettly, Rigaud.

RIGAUD
Il faut bien que j'aille quelque part.

KETTLY
Oui ; mais, à Paris, il y a de jolies femmes, à ce que l'on dit.

RIGAUD
Préférez-vous que je retourne dans mon pays... à Marseille ? Oh là, c'est bien pis encore !

KETTLY
On prétend que les femmes sont si coquettes à Paris !

RIGAUD
Et à Marseille donc ?

KETTLY
Vous m'oublierez.

RIGAUD
Jamais, Kettly ; je reviendrai comme les hirondelles, avec le printemps... Tenez, je vous en fais le serment ; dès que vous aurez vu pointer une hirondelle, comptez sur moi, je ne serai pas loin. Ah ! mais, vous, pendant mon absence, n'allez pas faiblir au moins, rappelez-vous votre serment : pas de Fritz !

KETTLY
Oh, certainement : pas de Fritz !

RIGAUD
Il faut lui donner son congé.

KETTLY
C'est qu'il a ma parole, nous sommes fiancés.

RIGAUD

Il se défiancera... Vous qui croyez au diable n'en avez-vous pas un tout petit dans ce canton?

KETTLY

Un petit diable... pourquoi faire?

RIGAUD

Oui, un bon petit diable auquel nous pourrons envoyer M. Fritz.

KETTLY

Que vous êtes heureux de pouvoir encore plaisanter et rire !

RIGAUD

Je ne ris pas en ce moment, croyez-le bien; mais nous perdons un temps précieux... Votre père ne vous a-t-il pas annoncé que j'allais faire votre portrait? Voyons, mettez-vous là. (Il avance un siège.) (*)

KETTLY (s'asseyant)

Comment faut-il que je me tienne?

RIGAUD

Le plus naturellement que vous pourrez.

KETTLY

Suis-je bien comme cela?

RIGAUD

Tournez-vous un peu plus de mon côté; pas autant... c'est cela...; levez les yeux, pas vers le ciel... Regardez-moi.

(*) Rigaud, Kettly.

KETTLY

Je n'ose pas.

RIGAUD

Comment voulez-vous, cependant, que je fasse votre portrait, si vous ne me regardez pas... A la bonne heure! souriez un peu.

KETTLY

Je ne puis pas.

RIGAUD

Essayez! je tiens à rendre votre physionomie telle qu'elle est. Très bien à présent. (Moment de silence.) Ah!

KETTLY

Qu'avez-vous donc?

RIGAUD

C'est cette planche qui me gêne.

KETTLY

(Moment de silence.) Ah!

RIGAUD

A votre tour! qu'avez-vous?

KETTLY

C'est cette position qui me fatigue.

RIGAUD

Vous pouvez en changer un peu, un peu, mais pas trop; c'est-à-dire, non, Kettly, ne changez jamais.

KETTLY

Ah!

SCÈNE VI

RIGAUD, KETTLY, LORD JINGLEFORT

RIGAUD.

Ah !

JINGLEFORT (entrant par le fond).

Aoh !...

KETTLY ET RIGAUD (ressautant)

Qu'est-ce donc ?

JINGLEFORT (*)

Dérange, vous, pas.

KETTLY.

C'est l'Anglais dont vous a parlé mon père, celui qui a perdu sa femme.

RIGAUD

Ah ! celui pour lequel il me faut déguerpir.

KETTLY (se levant)

Mylord, votre déjeuner sera prêt à midi, comme vous l'avez demandé.

JINGLEFORT

Bien ! (Regardant sa montre) Je avais encore dix minutes de chagrin. (A Kettly) Vous étiez assise, reprenez le chaise.

KETTLY (s'asseyant)

Merci, Mylord, vos deux bécasses seront cuites à point.

(*) Jinglefort, Rigaud, Kettly.

JINGLEFORT

Vous avez mis deux bécasses ?

KETTLY

Trouvez-vous qu'il n'y en ait pas assez ?

JINGLEFORT

Oh yes ; je mange une pour le satisfaction de moi, et le seconde pour le souvenir de mon pauvre femme.

KETTLY

Vous permettez que Monsieur continue mon portrait ?

JINGLEFORT

Oh yes, vous êtes le copie ?

KETTLY

La copie ?... Que voulez-vous dire ?

JINGLEFORT

(A Rigaud) Dites, Monsieur, comme appelez-vous ce que je volais dire à Mademoiselle ?

RIGAUD

Quoi donc ? Mylord.

JINGLEFORT

Ce que vos mettez là, dessious le papier.

RIGAUD (regardant dessous le dessin)

Une planche.

JINGLEFORT

No, dessious.

RIGAUD

Ah! dessus... j'y suis... c'est la copie.

JINGLEFORT

Aoh!... Et ce que vous copiez?

RIGAUD

Mais c'est le modèle.

JINGLEFORT

Aoh! En français... vous dites : le copie et le modèle; et nous nous disons : le copie et le original.

RIGAUD

Et vous avez raison, Mylord, toutes les fois qu'on fait le portrait d'un anglais, le modèle ne peut être qu'un original.

JINGLEFORT

(Regardant sa montre) Il n'est pas midi. (Très sérieux) Je pouvais pas rire. (Il s'approche de la table à gauche) Il était du kirsch. (Se servant un verre de kirsch) Je avais besoin de contentement.

KETTLY

Vous avez fait un tour dans la ville, Mylord?

JINGLEFORT

Oh yes. Je avais vu le cathédrale, c'était bien triste.

RIGAUD (dessinant)

Oui, elle a un caractère religieux et sévère.

JINGLEFORT

Oh! ce n'est pas le cathédrale, ce était moi qui étais bien triste. Je avais besoin de beaucoup de consolation. (Il boit un second verre).

KETTLY

Qu'avez-vous encore visité, Mylord, si je ne suis pas trop curieuse ?

JINGLEFORT

Je avais visité le tour des Chiens... *Oh, oh !* comme il est triste le tour des Chiens.

KETTLY

Qu'y trouvez-vous de si triste ?

JINGLEFORT

Quand je avais visité le tour des Chiens avec Milady, auparavant je avais envoyé John, mon groom, se cacher dans le tour, et John il faisait le chien : *Boh !... boh !...* et Miss Butterson, mon belle-sœur, il avait peur, et Milady Jinglefort... il riait. . *oh yes*, il riait bien beaucoup. Ce était triste ! (Il boit un troisième verre de kirsch) Je sens approcher le contentement. (Regardant le dessin de Rigaud) Vous faites le baôuche bien grande.

RIGAUD

En effet, ce n'est encore que l'ébauche.

JINGLEFORT

Oh ! je ne voulais pas dire l'ébauche (1), je disais le baôuche.

RIGAUD

Au fait, ce n'est qu'un croquis, je le corrigerai, Mylord ; je vois que vous êtes connaisseur ; aimez-vous la peinture ?

JINGLEFORT

Beaucoup, je avais infiniment de tableaux dans mon château.

(1) Prononcer *lébaôuche*.

RIGAUD

Seriez-vous curieux de voir mon cartable? vous pouvez le visiter sans indiscrétion.

JINGLEFORT

Je vôle bien.

RIGAUD

(A part) Il va peut-être m'acheter quelques dessins.

JINGLEFORT (visitant le cartable)

Aoh... bien... très bien... Le pont du Diable... je avais passé dessious avec Milady... Le cascade du Pisse vache... Milady trouvait le cascade *choking*. Vous êtes un peinter distingué... Ce être *splendid, very splendid!*...

KETTLY

Mylord, Monsieur a obtenu le grand prix de Rome.

JINGLEFORT

Vous devez gagner beaucoup d'argent?

RIGAUD

Pas le sou, Mylord, la concurrence est si grande et les commencements sont si difficiles !

JINGLEFORT

Venez, vous, en Angleterre... Vous autres, Français, vous dites que vous aimez les arts et vous payez pas les artistes ; nous autres nous disons pas et nous payons... Bien, je vois que vous avez corrigé la baôuche, je vôlais acheter cette tableau de vous.

RIGAUD

Mylord, il n'est pas à vendre.

JINGLEFORT

Vous peignez pas pour vendre ?

RIGAUD

Si fait ; mais ce portrait ne m'appartient pas ; c'est M. Stourm qui me l'a commandé, le père de Mademoiselle... il lui appartient.

JINGLEFORT

Vous ferez un autre à lui.

RIGAUD

Je ne peux pas, puisque je pars demain.

JINGLEFORT

Vous resterez.

RIGAUD

Il y a déjà un mois que je suis ici et M. Stourm ne veut pas que je reste plus longtemps ici.

JINGLEFORT

Il vôle pas !

KETTLY (se levant)

Non, papa ne veut pas.

JINGLEFORT (passant entre Rigaud et Ketty) (*)

(A Rigaud) Je comprends. Vous aimez l'original.

RIGAUD

C'est vrai.

(*) Rigaud, Jinglefort, Kettly.

JINGLEFORT

Et M. Stourm il vôle pas que vous aimiez le original.

KETTLY

C'est vrai.

JINGLEFORT

(A Rigaud) Et il vôle pas parce que vous avez pas le argent.

RIGAUD

Vous avez deviné, Mylord.

JINGLEFORT

C'est pas bien difficile; les parents ils vôlent toujours quand il y avait le argent.

KETTLY

Ah! c'est aussi comme ça en Angleterre?

JINGLEFORT

Yes... (Regardant sa montre.) Cinq minutes.... O mon pauvre femme! (A Rigaud) Venez, vous, avec moi en Angleterre, je ferai gagner bien beaucoup d'argent à vous.

RIGAUD

Comment cela?

JINGLEFORT

Vous aimez les petits oiseaux?

RIGAUD

Oui, j'en mange volontiers.

JINGLEFORT

No, je disais pas de manger... Je demande si vous aimez à les peigner?

RIGAUD (surpris)

A lés peigner... (Se ravisant) Ah! j'y suis... certainement j'aime à les peindre; je peins tout.

KETTLY (d'un ton piteux)

Il peint tout, Mylord.

JINGLEFORT

Bien, vous ferez le portrait de mes petits oiseaux, vous peindrez le salle à manger de moi, tout avec de petits oiseaux.

RIGAUD

Dans des panneaux ?

JINGLEFORT

Oh yes, je vôle beaucoup de petits oiseaux dans les panneaux de mon château...; vous y mettrez des bécasses.

RIGAUD

A foison, Mylord.

JINGLEFORT

Vous ferez aussi le portrait de mon belle-sœur, miss Butterson.

RIGAUD

Tout ce que vous voudrez, Mylord.

JINGLEFORT

Avec le chat sur les genoux.

RIGAUD

Pourquoi donc ?

JINGLEFORT

Mon belle-sœur il aime beaucoup fort le chat.

RIGAUD

Bien, me voilà voué aux bêtes !

JINGLEFORT

Oh yes, je ferai avoir le mode à vous, et vous gagnerez beaucoup d'argent et vous épouserez le petite hôtesse, l'an prochain.

RIGAUD

Mylord, il y a à cela une difficulté assez sérieuse, le petite hôtesse, comme vous l'appelez, est fiancée.

JINGLEFORT

Goddem, mais si elle aime vous, elle aime pas le fiancé.

KETTLY (vivement)

Oh ! bien certainement, je ne l'aime pas.

JINGLEFORT

Oh... et pourquoi le fiancé il vôle vous épouser, quand vous aimez pas lui ?

RIGAUD

C'est tout bonnement pour épouser l'auberge.

JINGLEFORT

Oh ! ce n'est pas un empêchement. Combien valait le auberge ?

KETTLY (hésitant)

Mon père parle de 60,000 francs, je crois.

RIGAUD

(A part) Le juif !

JINGLEFORT

Oh non... je connais le auberge, il vale pas 60,000 francs;

il vale pas 50,000. (Regardant la montre) Midi ! oh je étais content, bien content.

RIGAUD

Quel original ! il perd la tête.

JINGLEFORT

(A Rigaud) Buve, vous, avec moi.

RIGAUD (*)

Volontiers, Mylord.

JINGLEFORT

(A Kettly) Buve, vous, avec moi (**).

KETTLY

Quoi, Mylord, vous voulez...

JINGLEFORT

Oh yes... buve, vous, à la santé... non, au souvenir de mon pauvre femme. (A Rigaud) Buve, vous encore.

RIGAUD

Encore !

JINGLEFORT

Oh yes. (A Kettly) Buve, vous aussi.

KETTLY

Mais, Mylord...

JINGLEFORT

(A Kettly) Je vôlais trinquer, vous, avec votre amoureux, à la santé de votre mariage. (Il trinque avec elle.)

RIGAUD

Au fait, Kettly... à notre mariage ! (***)

(*) Jinglefort, Rigaud, Kettly.
(**) Rigaud, Jinglefort, Kettly.
(***) Jinglefort, Rigaud, Kettly.

SCÈNE VII

Les précédents, FRITZ

FRITZ (entrant)

Eh bien ! par exemple !

RIGAUD

Oh !...

KETTLY

Ah !...

JINGLEFORT

(A Rigaud) Le fiancé ?... (Rigaud fait signe que oui.) Ah ! je comprends ; je étais content (se frottant les mains), bien content.

FRITZ (*)

Tout le monde est-il fou ici ? Qu'est-ce que cela veut dire ? Kettly, vous m'expliquerez.

KETTLY

Je n'ai rien à vous expliquer, Monsieur.

JINGLEFORT (**)

Yes, c'est moi qui vôle faire le explication.

FRITZ

Je n'ai pas l'honneur de vous connaître.

(*) Jinglefort, Rigaud, Kettly, Fritz.
(**) Rigaud, Jinglefort, Fritz, Kettly.

JINGLEFORT

Vous allez connaître moi. (A Kettly) Présente, vous, moi à Monsieur, et présente Monsieur à moi.

FRITZ

Il s'embrouille…, il a bu…

JINGLEFORT

No, je avais pas encore bu ; mais vous allez trinquer avec moi.

FRITZ

Trinquer !…

JINGLEFORT

Oh yes… vous n'aimez pas le kirsch ?

FRITZ

Beaucoup, au contraire… mais encore ?

JINGLEFORT

Vous vôlez pas boire le santé de Mlle Kettly ?

FRITZ

Si fait…; mais…

JINGLEFORT

Eh bien ! buvez, vous.

TOUS

Oui, buvez, buvez.

FRITZ

Enfin, s'il le faut.

JINGLEFORT

Oh yes, il le fallait… il le fallait beaucoup. (Fritz veut trinquer avec Kettly, qui retire son verre. Au moment où il se dispose à boire, Jinglefort l'arrête.) Buve, vous, pas encore, attendez le explication.

FRITZ

J'attends, Mylord.

JINGLEFORT

Vous êtes le fiancé de Mademoiselle?

FRITZ

Très certainement.

JINGLEFORT

Fort bien... Mademoiselle il aime pas vous.

FRITZ

Ceci est mon affaire.

JINGLEFORT

Fort bien... Vous tenez à épouser elle.

FRITZ

Certainement, Mylord.

JINGLEFORT

Oh no... Vous tenez à épouser le auberge.

FRITZ (étonné)

Epouser l'auberge !

JINGLEFORT

Yes, je donne le auberge à vous.

FRITZ

Que voulez-vous dire? De quel droit donneriez-vous une chose qui ne vous appartient pas?

JINGLEFORT

Oh yes, je vôlais le hôtel appartenir à moi. (A Frit) Appele, vous, ici le aubergiste.

FRITZ (appelant)

M. Stourm!

JINGLEFORT

(A Rigaud) Appelle, vous.

RIGAUD

M. Stourm!

JINGLEFORT

(A Kettly) Appelle, vous.

KETTLY

Papa!

STOURM

(De dehors) On y va!

JINGLEFORT

(A Fritz, qui veut boire) Buvez pas... Attendez le explication.

SCÈNE DERNIÈRE

LES PRÉCÉDENTS, STOURM (apportant un plat de bécasses et une bouteille de Porto) (*)

STOURM

Voilà! voici les bécasses et le Porto demandé... je suis exact, il est midi à peine.

JINGLEFORT (tirant sa montre)

Ajoute, vous, cinq minutes, Monsieur Stourm.

(*) Rigaud, Jinglefort, Stourm, Fritz, Kettly.

STOURM

Mylord, l'horloge de l'Angleterre n'est pas toujours en avance sur celle des autres nations.

JINGLEFORT

Oh, bien... bien... je achète à vous le auberge de vous.

STOURM

Que voulez-vous dire?

JINGLEFORT

Je achète à vous le hôtel du *Lion d'Or*. Vous comprenez?

STOURM

Oui, oui, mais quelle drôle d'idée !... Que voulez-vous en faire ?

JINGLEFORT

Je achète à vous...

STOURM

Assez, assez !... combien m'en donnez-vous ?

JINGLEFORT

Je donne cinquante mille francs.

STOURM

Il m'en faudrait soixante mille.

JINGLEFORT

Non, je disais cinquante..., deux mille guinées; je laisse à vous la jouissance encore un an.

STOURM (*)

A la bonne heure ! (Il dépose son plat et la bouteille) Va pour cinquante mille avec jouissance pendant un an.

(*) Stourm, Jinglefort, Fritz, Kettly, Rigaud.

JINGLEFORT

Yes, et je vôlais des conditions.

STOURM

Ah ! il y a des conditions.

JINGLEFORT

Yes. Vous, donne pour dot à Miss Kettly la moitié de cinquante mille francs.

STOURM

Vingt-cinq mille, c'était bien mon intention.

JINGLEFORT (désignant Kettly)

Et vous donne lui à M. Rigaud, pour être son femme.

FRITZ

Non pas, non pas, et moi donc !

JINGLEFORT

Vous ! je avais donné le auberge à vous.

FRITZ

Au fait, c'est vrai ; j'accepte, ô brave Mylord, excellent Mylord.

JINGLEFORT (ricanant)

Eh, eh ! vous êtes content, vous regrettez plus Miss Kettly ; eh, eh !

FRITZ

Si fait ; mais, avec l'auberge, je trouverai bientôt une autre femme.

JINGLEFORT

Je vôlais aussi des conditions.

FRITZ

Ah, diable !

JINGLEFORT

Je garde toujours pour moi le chambre numéro 2 ; vous conserverez tous les meubles ; toutes les étés, je volais habiter le numéro 2 pour y pleurer toutes les matins.

STOURM

Jusques à midi ?

JINGLEFORT

Oh yes.

STOURM

Et, le soir, vous mangerez des bécasses ?

JINGLEFORT

Oh yes.

FRITZ

Et vous boirez du Porto ?

JINGLEFORT

Oh yes.

FRITZ

Cette condition me va.

JINGLEFORT

Et vous, Monsieur Rigaud, vous êtes mon peintre ; je emporte vous avec moi en Angleterre dans huit jours.

KETTLY [*]

Dans quinze jours, Mylord, il faut ce temps pour faire deux portraits.

[*] Stourm, Fritz, Jinglefort, Kettly, Rigaud.

JINGLEFORT (la regardant avec malice)

Oh yes... very well... (A Rigaud) Je emporte vous dans quinze jours en Angleterre, et je rapporte vous l'année prochaine pour le mariage.

RIGAUD

Au printemps, Mylord ?

JINGLEFORT

Oh...

RIGAUD

Oui, avec les hirondelles... Vous devez aimer les hirondelles, ce sont de petits oiseaux ?

LORD JINGLEFORT

Oh yes... je reviendrai avec les hirondelles.

RIGAUD

Merci, Mylord.

JINGLEFORT

All right ! Je pensais que tout le monde il doit avoir bien beaucoup fort de contentement.

STOURM (*)

Pardon, pardon, Mylord, tout n'est pas dit, et il y a un point qui laisse à désirer.

JINGLEFORT

Oh.

STOURM

Ma fille va être à son aise sans doute... mais, mon futur gendre reste pauvre comme Job.

(*) Fritz, Stourm, Jinglefort, Kettly, Rigaud.

JINGLEFORT

Je avais dit à vous que son fortune il était en Angleterre, et que je emporte lui avec moi pour trouver le fortune en Angleterre.

STOURM

L'aura-t-il trouvée d'ici au printemps ?

JINGLEFORT

Oh yes... Je parie... et, s'il ave pas trouvé le fortune, je donne lui mille guinées pour le jour de son mariage.

STOURM

C'est différent...

JINGLEFORT

Non, mille guinées ce être pas 10 francs, ce être 25,000 fr., *twenty five*...; maintenant, pour le définition total du contentement, buvons. (Il offre du kirsch à tous) Buve, vous, Monsieur l'aubergiste, et vous, Monsieur Fritz, et vous, Monsieur Rigaud, et vous aussi, Miss Kettly.

KETTLY [*]

Encore, Mylord... j'ai déjà bu deux verres; ce sera le troisième.

JINGLEFORT

All right !...vous connaissez le proverbe : « *Un clou...* » Monsieur Rigaud, il vient de appliquer le proverbe : « *Un clou chasse l'autre.* » *Oh yes.* (Se servant et avalant son verre) « *Un clou chasse l'autre.* »

TOUS (buvant)

« *Un clou chasse l'autre.* »

[*] Fritz, Stourm, Jinglefort, Kettly, Rigaud.

LA
CHARADE AU CHATEAU

PERSONNAGES

MM. SICARD.
JÉROME.
LUDOVIC.
M⁰⁰ CLARISSE.
M¹¹ᵉ ANAÏS.
Un petit garçon.
Un Domestique, personnage muet.

Intérieur de salle à manger, grande table vide au milieu.
Toutes les indications sont prises de la gauche du spectateur.

LA
CHARADE AU CHATEAU

PROVERBE

SCÈNE UNIQUE

(Les acteurs entrent successivement par le fond, les dames les premières ; tous se placent sur le devant de la scène, dans l'ordre suivant) :

M{ll} ANAIS, Mme CLARISSE, SICARD, JÉROME, LUDOVIC

LES DAMES

Eh bien, Messieurs !

LES MESSIEURS

Eh bien, Mesdames !

CLARISSE

Quelle charade allez-vous nous faire jouer, ce soir ? Avez-vous un mot ?

SICARD

On a toujours un mot ; le plus difficile est de trouver un sujet.

JÉRÔME

Bah! mon cher M. Sicard, dans les charades, le mot joue le rôle de la rime en poésie: il fait pousser les idées.

SICARD (se grattant le front)

Vous croyez, M. Jérôme; pourtant, j'ai la cervelle pleine de mots, et je ne sens rien pousser.

JÉRÔME (à Ludovic)

Et toi, Ludovic, tu as l'air de vouloir te tenir dans ton coin; viens donc à notre aide : de nous tous tu es le seul qui entende quelque chose à cette besogne.

CLARISSE

Très certainement; l'hiver dernier, M. Ludovic a été le grand organisateur des charades dans les salons de M#* de Pinchina.

LUDOVIC

C'est précisément pour cela que je veux vous laisser toute initiative; nous comptons dans notre auditoire nombre de personnes qui faisaient partie de cette société ; si vous me prenez pour guide, à coup sûr vous tomberez dans des redites.

CLARISSE

Fausse modestie! Etes-vous donc tellement à court d'imagination, Monsieur, que vous ne puissiez rien inventer de nouveau, même quand il s'agit de nous être agréable?

LUDOVIC (s'inclinant)

Madame...

CLARISSE

Moi, du reste, en matière de charades, j'ai un système très commode.

ANAÏS

Lequel, Clarisse ?

CLARISSE

Je suis pour le mouvement.

LUDOVIC

Qu'entendez-vous par là ?

CLARISSE

J'entends les charades où l'on va, où l'on vient, qui d'un côté, qui de l'autre ; où l'on bouleverse à tout moment les bureaux, les tables, les chaises, tous les meubles.

LUDOVIC (souriant)

Où tout le monde parle à la fois !

CLARISSE

Précisément ; c'est le vrai moyen de se mettre tout de suite en gaîté.

LUDOVIC (à Anaïs)

Et vous, Mademoiselle ?

ANAÏS (d'un ton nonchalant)

Oh ! moi je ne suis pas difficile; vous savez que j'ai apporté trois chapeau pour la saison: une *Bolivienne*, mon chapeau d'amazone que j'aime tant, et le *Rubens* que j'avais adopté aux eaux, cet été ; laissez m'en mettre un à chaque tableau, et je vous tiens quitte du reste.

LUDOVIC

En ce cas, notre mot est tout trouvé : ce sera *Chapeau*.

SICARD

Je proteste.

ANAÏS

Vous protestez contre mes chapeaux !

SICARD

Non, Mademoiselle, mais dans l'intérêt de l'orthographe. *Chat,* sans *t,* est-il possible ?

ANAÏS

Vous tenez donc bien à votre orthographe ?

SICARD

Plusqu'à mon existence, Mademoiselle.

JÉRÔME

A ce compte, mon cher Monsieur, vous ne trouverez pas vingt charades correctes dans toute la langue française.

SICARD

Qu'est-ce que cela me fait ! Avez-vous, par hasard, le projet de jouer, ce soir, vingt charades ?

LUDOVIC (au petit garçon qui entre)

Que demandez-vous, mon petit bonhomme ?

LE PETIT GARÇON (intimidé)

Je... je viens... qu'on m'envoie pour vous... pour vous engager à vous dépêcher ; il y a même un Monsieur qui a dit comme çà que ça commençait à l'embêter d'attendre...

JÉRÔME

Voilà un messager consciencieux !

LUDOVIC

C'est que nous ne partons pas pour avoir fini de sitôt.

(Au petit garçon) Mon enfant, dites à ces dames de ne pas s'embarrasser de nous ; qu'elles fassent servir le thé, qu'elles le prennent et nous irons ensuite les retrouver.

LE PETIT GARÇON

Oui, Monsieur.

JÉRÔME

Et, si tu veux être bien gentil, mon moutard, prie-les de nous en envoyer quelques tasses.

LE PETIT GARÇON

Oui, Monsieur.

JÉRÔME

Tu as compris... quelques tasses de thé.

LE PETIT GARÇON

Parfaitement, Monsieur.

JÉRÔME

Monsieur Sicard, ce thé-là remplacera avantageusement celui dont vous regrettez l'absence dans notre charade.

SICARD (d'un ton doctoral)

Jeune homme, l'orthographe est une chose sérieuse, par-dessus laquelle il ne faut jamais sauter à pieds joints.

LUDOVIC

Après tout, pourquoi tenir à un mot plutôt qu'à un autre; si *Chapeau* vous contrarie, jouons *Château*.

SICARD

Eh ! comment ferez-vous *chat* ?

JÉRÔME

C'est bien difficile... (Imitant le chat) *Miaou*...

SICARD

Miaou n'est pas une charade.

JÉRÔME

Oh que si, Monsieur : vous allez voir. Je vais vous improviser une répétition dans un clin d'œil ; donnez-vous la peine de vous asseoir autour de cette table. (Faisant signe aux dames)... Mesdames... (Ils s'asseyent tous) (*) Vous allez faire comme moi. (Contrefaisant le chat) *Miaou*...

TOUS (moins M. Sicard)

Miaou !... miaou !...

JÉRÔME (de même)

Rou... miaou...

TOUS (de même)

Rou... miaou...

JÉRÔME (de même)

Pfeutt... pfeutt...

TOUS (de même)

Pfeutt... pfeutt...

JÉRÔME

Très bien ! nous avons fait le chat ; c'est notre première partie. M. Sicard, qui aurait cru déroger à sa dignité en ouvrant la bouche, sera pour cela condamné à avaler un verre d'eau, ce qui fera la seconde partie, et, pour le tout, nous porterons en masse un toast à l'amphitryon qui nous offre une si gracieuse hospitalité dans son magnifique château.

SICARD

Et vous appelez cela une charade !

(*) Anaïs, Sicard, Jérôme, Clarisse, Ludovic.

JÉRÔME

Parbleu ! je vous donne la carcasse, à vous de l'habiller ensuite comme vous l'entendrez. (Le domestique apporte le thé et sert les acteurs).

ANAÏS

Et si nous faisions la cour du schah de Perse ?

SICARD

Mais, l'orthographe, Mademoiselle ! L'orthographe !!! au nom du Ciel !

ANAÏS

Eh ! Monsieur, dans *Château* il y a plus d'orthographe qu'il n'en faut.

SICARD

Mais cela fera *Chah-cau* !

JÉRÔME

Peut-être même *Chaos* !

SICARD (piqué)

Jeune homme...

JÉRÔME

Du calme, Monsieur Sicard. (Il met un morceau de sucre dans la tasse de Sicard) Sucrez-vous !

ANAÏS (faisant de même)

Sucrez-vous ! Monsieur Sicard, sucrez-vous !

CLARISSE

Vous allez voir qu'il faudra en venir à mon système ; ces Messieurs qui miaulent si naturellement, pourront bien se mettre à quatre pattes.

SICARD (se récriant)

A quatre pattes !

CLARISSE

Sans doute ; il y a un tapis, vous n'abîmerez pas vos culottes... Vous ferez des chats dans la rue ; moi, je suis une domestique qui jette quelque chose par la fenêtre.

SICARD

Par quelle fenêtre, et que jetterez-vous ?

ANAÏS

Et moi, Clarisse ?

CLARISSE

Toi, tu seras ma maîtresse ; tu arriveras par la porte avec ton *Rubens* sur la tête, une lanterne à une main, un balai de l'autre, et tu donneras la chasse à tous ces messieurs. (A Sicard) Qu'en dites-vous ?

SICARD

Je dis que ces enfantillages-là sont tout au plus bons dans les pensions.

CLARISSE

Vous êtes insupportable.

JÉRÔME

Décidément, il est féroce ; il faut l'adoucir. (Sucrant la tasse de Sicard) Sucrez-vous !

SICARD (choqué)

Monsieur...

ANAÏS (même jeu)

Sucrez-vous ! Monsieur Sicard, sucrez-vous !

SICARD (de même)

Mademoiselle...

LUDOVIC

Voyons, n'y aurait-il pas moyen de contenter tout le monde? (A Clarisse) Vous avez une superbe voix, chère Madame, supposez-vous pour un moment une élève du Conservatoire qui veut débuter sur un théâtre quelconque; nous sommes le jury réuni pour vous entendre.

ANAÏS

Et moi, Monsieur, que ferai-je?

LUDOVIC

Vous, Mademoiselle, vous accompagnerez Madame; vous serez (cherchant)... sa mère!

ANAÏS (choquée)

Par exemple!

LUDOVIC

Sa sœur, si vous le préférez!

ANAÏS

Cadette.

LUDOVIC

Cadette ou jumelle, peu importe; vous mettrez votre *Bolivienne.*

ANAÏS

Non, mon *Rubens,* cela sera plus convenable.

LUDOVIC

Comme il vous plaira. Madame donne d'abord quelques notes, mais tout d'un coup elle s'arrête, elle a un *chat* dans le gosier.

SICARD

Monsieur Ludovic, cette signification n'existe pas dans le *Dictionnaire de l'Académie*.

TOUS

Allons donc!... allons donc!...

JÉRÔME (levant la main sur la tête de Sicard)

En fait de dictionnaire, que je lui donnerais volontiers celui de Boiste! (Voulant le sucrer) Sucrez-vous donc!

SICARD (retirant sa tasse)

Monsieur .. cette plaisanterie...

ANAÏS (sucrant sa tasse au moment où il la retire)

Sucrez-vous! Monsieur, sucrez-vous!

SICARD (furieux)

Mademoiselle... Mademoiselle...

LUDOVIC

Allons, mon premier est-il approuvé?

TOUS

A l'unanimité!

LUDOVIC

Passons au second. Monsieur Sicard, pour cette fois, ce n'est pas à votre critique, c'est à votre imagination que je m'adresse... *Eau*... Trouvez-moi quelque chose... c'est bien simple de l'eau!

SICARD

Oui, cela me fait penser à la torture de ce nom, au moyen âge.

LUDOVIC

Mais, c'est une idée lumineuse!

SICARD

Sans doute, sans doute, mais il nous manquera tant de choses.

LUDOVIC

Dites.

SICARD

D'abord, un patient.

JÉRÔME

Comment donc, pour être agréable à ces dames, vous avalerez bien six litres d'eau !

SICARD

Monsieur...

LUDOVIC

Vous ferez semblant, cela reviendra au même !

SICARD

A la bonne heure !... Et le bourreau ?

JÉRÔME

Me voilà.

SICARD

Il faut aussi un échafaud ?

CLARISSE

Eh bien ! le divan.

SICARD

Une foule ?

LUDOVIC

Ces dames et moi ; nous formerons, à nous trois, une foule bien composée.

SICARD

Et le costume ? Je suis pour la vérité du costume.

JÉRÔME

Dites plutôt pour le costume de la Vérité.

SICARD

Jeune homme, je méprise vos suppositions obscènes et je maintiens que le costume est un obstacle infranchissable.

CLARISSE

Mais, mon Dieu, Monsieur, nous avons de vieux rideaux, de vieilles robes et de vieilles tapisseries ; avec cela nous vous composerons tous les costumes du monde.

SICARD

Et les armes, Madame, en avez vous aussi ? des dagues, des miséricordes, des hallebardes, des pertuisanes ? Et où sont vos heaumes, où vos hauberts, où vos brassards, où vos cuissards ?

CLARISSE

Où... où... où... ? Là, voulez-vous que je vous le dise, monsieur Sicard ; avec vos chevilles, vos *mais*, vos *si*, vos *car*, vous n'aboutirez jamais à rien... Moi, grâce à ma méthode, je tranche dans le vif... Faisons un bateau avec six chaises, nous remontons le fil de la rivière, c'est une partie de plaisir... Ces Messieurs sont avec nous, ils rament avec cannes et parapluies.

ANAÏS

Et moi ?

CLARISSE

Toi aussi, tu as ton chapeau amazone. (A Sicard) Vous, Monsieur, vous pêchez à la ligne, debout sur un fauteuil ; le bateau va cahin-caha... il fait naufrage, nous tombons dans l'eau. (A Sicard) Et, si vous avez du cœur, vous vous y jetez pour nous repêcher... N'est-ce pas ?

SICARD

Motus, je ne dis plus rien.

CLARISSE (à part)

Le sot homme !

LUDOVIC

Reste le tout : *Château.*

CLARISSE

Oh ! pour celui-ci, je l'ai vu jouer, je m'en charge. (Montrant la table) Voilà la château en question, je suis une princesse innocente et persécutée que l'on a jeté dans un machin de basse-fosse, (montrant le dessous de la table) là-desssous... Monsieur est mon tyran (Elle désigne Sicard.) Il montera là-dessus (Elle désigne le dessus de la table) — (A Jérôme) Vous, Monsieur, vous serez mon page ; vous vous mettrez là (montrant le dessus de la table.) une caisse, sur cette caisse un fauteuil, sur le fauteuil une chaise, sur la chaise un tabouret, et du haut de cette tour vous cornerez.

JÉRÔME

Je cornerai !

SICARD

Il cornera !!!

CLARISSE

Oui, vous sonnerez du cor tant que vous pourrez.

ANAÏS

Et moi?

CLARISSE (désignant Ludovic)

Monsieur viendra me délivrer... à cheval sur une chaise.

ANAÏS

Et moi? quel cha... (On entend le son d'un piano)

CLARISSE
Qu'est-ce donc ?

LUDOVIC
Vous ne devinez pas ?... Notre auditoire, fatigué de nos lambineries, a commencé une contredanse.

ANAÏS
Ah! mon Dieu... et moi qui suis engagée pour la première !

JÉRÔME
Avec moi, Mademoiselle, si vous avez bonne mémoire.

CLARISSE
Et moi, qui n'ai pas de danseur.

LUDOVIC (offrant son bras)
Comment donc!... vous permettrez...

SICARD
Et, alors, vous renoncez à la charade, pour ce soir ?

CLARISSE
Et pour bien d'autres, s'il faut s'atteler à vous ! Ah ! si jamais on m'y rattrape, c'est que j'aurai oublié le proverbe !

SICARD
Quel proverbe ?

CLARISSE
A laver la tête d'un nègre on perd son savon.

LUDOVIC
Et sa lessive! — (Sortie générale).

LES
FAUSSES INFIRMITÉS

PERSONNAGES

Le Chevalier de BESUCHET.
THÉMISTOCLE, son valet de chambre.
La Marquise de NOARY.
MARIETTE, sa femme de chambre.

La scène se passe à Marseille.

Salon. Porte d'entrée au fond; à droite et à gauche portes latérales, celle de gauche conduit chez Madame de Noary. Deux fauteuils, une table à ouvrage, chaises.

Toutes les indications sont prises de la gauche des spectateurs.

LES
FAUSSES INFIRMITÉS

SCÈNE PREMIÈRE

THÉMISTOCLE (seul. Il entre avec un bouquet à la main)

En voilà une de baraque !...... Personne pour recevoir les gens...... Comme si c'était notre métier de faire antichambre...... Aussi je vais me gêner. (Il dépose son bouquet sur la table à ouvrage, s'assied dans un fauteuil et rapproche une chaise sur laquelle il place d'abord ses jambes qu'il élève graduellement le plus possible.) Ouf! qu'il fait bon s'étendre quand on vient de passer deux nuits en chemin de fer. Avec ça que cette position américaine a été bien certainement inventée pour faire descendre les idées dans le cerveau; et j'ai besoin d'en avoir des idées pour le quart d'heure. (Se levant) Thémistocle, mon garçon, c'est le moment ou jamais de faire honneur au patron que l'on t'a donné à ta naissance. (Au public) Figurez-vous que M. le Chevalier de Besuchet, mon maitre, s'est imaginé... (Se retournant) J'entends marcher; c'est le pas de Mariette... mon cœur l'a reconnue... elle a des bottines neuves.

SCÈNE II

THÉMISTOCLE, MARIETTE

THÉMISTOCLE

Mariette !... Mariette !...

MARIETTE (qui est entrée par la droite)

Quel est donc l'Olibrius qui se permet ! (Reconnaissant Thémistocle) Comment ! c'est vous, M. Thémistocle...? Dieu ! êtes-vous noiraud ! Et depuis quand arrivé ? et pour qui ce bouquet ?

THÉMISTOCLE

Ta ta ta ta... pas tant de questions à la fois, si vous voulez que je vous réponde. Je suis arrivé depuis ce matin ; si je suis noiraud, prenez-vous-en à tous les coups de soleil que j'ai accrochés dans les cinq parties du monde, et quant à ce bouquet, c'est un envoi de mon maître à votre maîtresse.

MARIETTE

Et pour moi... rien ?

THÉMISTOCLE

Pour vous, Mariette, objet de mon adoration perpétuelle, la plus belle de ces fleurs ; (Détachant une rose du bouquet) celle dont vous êtes l'emblême... une rose ; car, Mariette, vous êtes une rose (la lui remettant) parfumée à la vanille.

MARIETTE

Tiens ! vous m'avez reniflée : c'est la pommade de Madame.

THÉMISTOCLE

Parbleu, je le sais bien. Et, à propos, comment se porte-t-elle votre charmante maîtresse, Madame la Marquise de Noary?

MARIETTE

Mais, Dieu merci, bien, très bien même.

THÉMISTOCLE

Avons-nous engraissé depuis le veuvage?

MARIETTE

Raisonnablement.

THÉMISTOCLE

Et on a pleuré M. de Noary?

MARIETTE

Convenablement. Mais, à votre tour, donnez-moi donc des nouvelles de votre original de maître. M. le chevalier de Besuchet.. il va bien?

THÉMISTOCLE

Coussi... coussi.... Nous avons des souvenirs de voyage.

MARIETTE

Et ce grand désespoir amoureux à l'occasion du mariage de notre maîtresse dure-t-il toujours?

THÉMISTOCLE

Toujours.

MARIETTE

De sorte que nous avons appris la mort de M. le Marquis...

THÉMISTOCLE

Senza dolor, comme disent les charlatans.

MARIETTE (Elle croise les bras)

Monsieur Thémistocle!

THÉMISTOCLE

Mademoiselle Mariette!

MARIETTE

Regardez-moi bien dans le blanc de l'œil.

THÉMISTOCLE

Voilà... il est superbe votre blanc d'œil.

MARIETTE

Je m'en moque bien! il n'est pas question de cela. Mais je déteste qu'on me finasse.

THÉMISTOCLE

Qu'est-ce qui vous finasse?

MARIETTE

Là, voyons; pourquoi votre maître envoie-t-il un bouquet au lieu de le porter lui-même?

THÉMISTOCLE

Il est de si bonne heure!

MARIETTE

Que ne vient-il plus tard! Ça me sent mauvais son bouquet...

THÉMISTOCLE (flairant le bouquet)

Par exemple!

MARIETTE

Comment donc! on voulait se brûler la cervelle; on part pour le Levant, la veille des noces; on visite l'Egypte, la Syrie, la... la...

THÉMISTOCLE (reprenant avec volubilité)

La Perse, l'Inde, Bourbon, le Cap, Sainte-Hélène, le Brésil, les Antilles, le Mexique et la Californie.

MARIETTE

On revient. Madame est seule... Madame est libre... et il nous faut un ambassadeur!

THÉMISTOCLE

Eh bien! Mariette, voulez-vous que je vous parle avec la plus grande franchise?

MARIETTE

Cela vous est-il possible?

THÉMISTOCLE

Ah! coquine... Voici la chose : dans notre deuxième traversée, Monsieur se promenait comme ça sur le pont (il se promène de long en large) en fumant son *panatela* à côté de moi ; tout d'un coup, il s'arrête pour me dire : « Gasquet! » Vous savez que c'est mon nom?

MARIETTE

Parfaitement. Thémistocle Gasquet, fils d'une nourrice grecque...

THÉMISTOCLE

Et d'un perruquier de la place de Lenche, tout ce qu'il y a de plus Phocéen.

MARIETTE

Allez, allez, bavard!

THÉMISTOCLE

« Gasquet... Décidément, je ne me marierai jamais; je tiens trop à mon indépendance. — Comment, Monsieur, après la lettre que vous avez écrite à Madame la Marquise!

Alors, pourquoi retourner en Europe?... Est-ce que vous ne l'aimez plus? Est-ce qu'en arrivant vous ne comptez pas vous présenter chez elle? — Au contraire, la décence l'exige. Mais, écoute, tu es un garçon d'esprit. »

MARIETTE

Il a dit cela?

THÉMISTOCLE

Oui il l'a dit. « Tu es au mieux avec Mademoiselle Mariette... »

MARIETTE

Hein!

THÉMISTOCLE

Oh! il l'a dit... « Arrangez les choses entre vous deux pour me faire obtenir un refus... et vous aurez pour chacun cinq *Méditerranées.* »

MARIETTE (riant)

Ah! ah! c'est drôle! Tiens, comme c'est drôle!

THÉMISTOCLE

Quoi, drôle! Qu'avez-vous donc à rire?

MARIETTE

Vous allez voir... L'autre jour, je tenais Madame par la queue; je la coiffais, juste au moment où arrive la chose annonçant votre arrivée au Havre, la... la... Comment dites-vous cela? Ah! la dépêche...

THÉMISTOCLE

Eclectique.

MARIETTE

Enfin n'importe! « Mariette, me fait-elle, voilà Monsieur le Chevalier de retour... Je recevrai sa visite; mais je suis bien décidée à rester veuve. — Comment, Madame, après avoir si peu tâté du mariage! — Assez pour n'en plus vouloir; je préfère mon indépendance. Tu es une fille d'esprit, Mariette. »

THÉMISTOCLE

Elle a dit cela?

MARIETTE

Oui, elle l'a dit... « Tu fais de M. Gasquet ce que tu veux. »

THÉMISTOCLE

Hein!

MARIETTE

Oh! elle l'a dit... « Combinez à vous deux une rupture dans laquelle, bien entendu, le Chevalier aura tous les torts. Il y a pour vous vingt *Crédits Mobiliers* si vous réussissez. »

THÉMISTOCLE

Bravo! puisque les voilà d'accord, rien n'est plus facile ; il ne s'agit que de tourner les choses de façon à ce que chacun d'eux ait l'air... d'avoir l'air...

MARIETTE

Imbécile!

THÉMISTOCLE

Vous dites?

MARIETTE

Imbécile! Mais ne voyez-vous pas que tout ça c'est des grimaces. Je gagerais qu'ils sont plus enragés que jamais l'un et l'autre... Et puis, dites-moi, Monsieur le garçon d'esprit, quand vous aurez vos dix Méditerranées et moi mes vingt Crédits mobiliers... après?

THÉMISTOCLE

Eh bien! quoi, après?

MARIETTE

Croyez-vous que j'aurai le cœur de me séparer de ma maîtresse ! Et vous, vous renonceriez à votre maître ?

THÉMISTOCLE

Oh! pour ça, non ; il ne peut pas se passer de moi. Figurez-vous que nous sommes ensemble, comment dirai-je... comme saint Roch et son chien.

MARIETTE

Non, comme saint Antoine et son...

THÉMISTOCLE

Ah! drôlesse.

MARIETTE

Au lieu que si Monsieur épousait Madame...

THÉMISTOCLE

Nous fusionnerions nos capitaux. Ah! Mariette tu es une fille adorable ! Il faut que je t'embrasse ! (*)

MARIETTE (traversant)

Voulez-vous bien vous taire ! Que signifie ce genre ! tutoyer les gens! chercher à les embrasser ! (Tendant sa main) Je permets la main.

THÉMISTOCLE (Il flaire la main de Mariette)

Non, elle sent trop la pommade.

MARIETTE (**)

Insolent ! (Elle lui donne un soufflet)

(*) Mariette, Thémistocle.
(**) Thémistocle, Mariette.

THÉMISTOCLE

Oh ! pour le coup. (Il court après Mariette qui s'empare d'une chaise et la lui présente pour se défendre).

MARIETTE

N'approchez pas ! Prenez garde ! Oh ! mon Dieu ! voilà Madame ! Elle va vous voir, et nous ne sommes convenus de rien... Décampez vite ! (Elle remet la chaise par terre).

THÉMISTOCLE

Oui, mais avant il est essentiel que je vous dise à l'oreille... (Il s'approche d'elle).

MARIETTE

Pas de bêtise, au moins.

THÉMISTOCLE

N'ayez pas peur. (Il lui parle à l'oreille).

MARIETTE (pendant que Thémistocle lui parle à l'oreille)

Ah ! bah !... (Thémistocle continue de lui parler à l'oreille) Vraiment ! (Même jeu. — Riant) Ah ! ah ! ah ! (Même jeu) Est-il possible !

THÉMISTOCLE

Faites-en votre profit.

MARIETTE (le poussant dehors par les épaules)

Filez, filez.

SCÈNE III

MARIETTE, M⁻ᵉ DE NOARY

Mᵐᵉ DE NOARY (Elle s'assied dans un fauteuil)

Mariette !

MARIETTE

Madame...

Mᵐᵉ DE NOARY

Vous n'étiez pas seule ici ?

MARIETTE (prenant le bouquet sur la table)

C'est vrai, Madame. J'étais à recevoir ce bouquet qu'on vient de me remettre pour Madame. (Elle le donne à Mᵐᵉ de Noary).

Mᵐᵉ DE NOARY (le prenant)

Ah ! et de la part de qui ?

MARIETTE

Madame ne le devine pas ?

Mᵐᵉ DE NOARY

Pas le moins du monde.

MARIETTE

C'est M. Thémistocle qui l'a apporté.

Mᵐᵉ DE NOARY

Ah ! ils sont donc ici ?

MARIETTE

Oui, Madame. M. le Chevalier vous fait dire qu'il viendra tout à l'heure vous présenter ses respectueux hommages.

M⁰⁰ DE NOARY

C'est bien... Mariette!

MARIETTE

Madame.

M⁰⁰ DE NOARY

Je suis toute décoiffée... Accommodez-moi.

MARIETTE

Oui, Madame. (Elle touche la coiffure de sa maîtresse).

M⁰⁰ DE NOARY

Bien, bien, cela suffit. Relevez-moi donc cette manche qui descend toujours.

MARIETTE (arrangeant la manche)

Voilà, Madame... Madame ne voudrait pas mettre une autre robe ?

M⁰⁰ DE NOARY

A quoi bon ! Est-ce que vous ne me trouvez pas bien comme cela ?

MARIETTE

Mon Dieu ! si... Madame est toujours ravissante ; le deuil lui sied très bien. Mais Madame a de plus jolies robes, si on avait pu penser que M. le Chevalier...

M⁰⁰ DE NOARY

Vous êtes folle, Mariette.

9.

MARIETTE

Après tout, Madame a raison ; ce serait tout à fait peine perdue.

Mme DE NOARY

Que voulez-vous dire ?

MARIETTE

Oh ! si Madame savait tout ce qui est arrivé à ce pauvre M. de Besuchet dans ses voyages.

Mme DE NOARY

Quoi donc ?

MARIETTE

Comment Madame appelle-t-elle cette maladie qui fait que l'on pleure toujours d'un œil et que l'on n'y voit pas de l'autre ?

Mme DE NOARY (cherchant)

Une ophtalmie, sans doute.

MARIETTE

Aphtalmie.

Mme DE NOARY

Oph...

MARIETTE

Oph... aph... c'est la même chose. Eh bien ! M. le Chevalier a eu ce mal-là en Egypte, et à présent, il n'y voit pas plus loin que son nez.

Mme DE NOARY

Vraiment !

MARIETTE

Ensuite, en traversant la... ligne.

M₥ᵉ DE NOARY

L'Equateur.

MARIETTE

Non, Madame ; la ligne... la ligne...

M₥ᵉ DE NOARY

Equatoriale.

MARIETTE

C'est cela.

M₥ᵉ DE NOARY

C'est la même chose.

MARIETTE

Donc, en traversant la ligne que Madame vient de dire, M. le Chevalier a eu l'esprit de s'enrhumer.

M₥ᵉ DE NOARY

De s'enrhumer !

MARIETTE

Du cerveau.

M₥ᵉ DE NOARY

Oh ! j'y suis ; le baptême du Tropique.

MARIETTE

Madame dit...

M₥ᵉ DE NOARY

Une plaisanterie que les marins se permettent avec ceux qui passent la ligne pour la première fois ; une douche froide qu'on leur fait subir. J'aurais cru que M. le Chevalier se serait mieux trouvé de ce régime hydrothérapique.

MARIETTE

Non, Madame; ça lui a porté à la tête, et à l'heure qu'il est, il est tout à fait sourd d'une oreille.

Mme DE NOARY

Ah ! mon Dieu.

MARIETTE

Après cela, en Amérique...

Mme DE NOARY (avec intérêt)

Vous dites en Amérique.

MARIETTE (pressant un peu)

Poursuivi par des sauvages qui voulaient le manger...

Mme DE NOARY

Le manger !

MARIETTE

Il n'a eu que le temps de se cacher dans un marais, où il y avait beaucoup de roseaux... N'est-ce pas, Madame, qu'il y a beaucoup de roseaux dans les marais ?

Mme DE NOARY

Certainement, Mariette.

MARIETTE

Tant il y a que depuis il souffre de partout, et il en est devenu... cul-de-sac.

Mme DE NOARY

Vous voulez dire sans doute cul-de-jatte ?

MARIETTE

Jatte... sac... c'est la même chose.

M˟ᵉ DE NOARY

Mais, Mariette, êtes-vous bien sûre de ce que vous dites-là ?

MARIETTE

Je le crois bien, Madame ; c'est M. Thémistocle qui m'a tout raconté. D'ailleurs, tout à l'heure, Madame verra elle-même.

M˟ᵉ DE NOARY

C'est que c'est affreux ! Ce pauvre jeune homme ! tant d'infirmités à son âge !

MARIETTE

N'est-ce pas, Madame ?... Oh ! c'est bien fini... Madame ne peut plus songer à l'épouser.

M˟ᵉ DE NOARY

De quoi vous mêlez-vous, Mariette ! Vous savez bien quelle était à cet égard ma manière de voir ; mais enfin parce qu'on n'épouse pas un homme qui a eu de l'attachement pour vous, ce n'est pas une raison pour ne pas le plaindre, et il est impossible d'entendre sans émotion le récit de pareilles catastrophes.

MARIETTE

Comment, Madame a de l'émotion ?

M˟ᵉ DE NOARY

Très certainement.

MARIETTE

Oh ! alors je dois tout dire à Madame et je l'engage à se rassurer.

M˟ᵉ DE NOARY

Que voulez-vous dire ?

MARIETTE

Que je suis parvenue à tirer tous les vers du nez de M. Thémistocle.

Mme DE NOARY

Oh ! Mariette, ces expressions...

MARIETTE

Dame ! Madame, je n'ai pas été élevée au Sacré-Cœur : je dis ce que j'entends dire ; je parle comme tout le monde.

Mme DE NOARY

Allons, parlez comme vous l'entendrez, mais au moins expliquez-vous.

MARIETTE

Eh bien ! Madame, l'aphtalmie, la ligne que vous savez, le rhume de cerveau, les sauvages, le marais, le cul-de-sac.

Mme DE NOARY

Eh bien !

MARIETTE

Frime, plus que... Blague, triple blague... Pure invention de M. le Chevalier et de ce monstre de Thémistocle !

Mme DE NOARY

Mais pourquoi, Mariette ? Dans quel but ont-ils inventé tous ces mensonges ?

MARIETTE

Comment, Madame ne devine pas ! C'est pénible à moi de le lui dire... Mais c'est que M. le Chevalier ne se soucie plus du tout d'elle.

Mme DE NOARY

Comment donc ?

MARIETTE

Oh ! du tout, du tout. Il a dit comme cela qu'il a rencontré tant de femmes dans ses voyages, et de si belles femmes, rouges, jaunes, noires, que les blanches lui font mal au cœur.

Mme DE NOARY (se levant)

Quelle horreur !

MARIETTE (*)

N'est-ce pas, Madame ! Aussi comme nous allons lui donner son paquet ! Je lui dirai que Madame est sortie, n'est-ce pas ?

Mme DE NOARY

Non, il reviendrait. J'ai un plus sûr moyen de me venger. Faites-le attendre.

MARIETTE

Comme Madame le voudra.

Mme DE NOARY

Ah ! Monsieur le Chevalier, vous voulez vous jouer de moi. Rira bien qui rira le dernier.

SCÈNE IV

MARIETTE (seule

Comment, ce n'est pas plus malin que cela ! Et moi qui m'en faisais une montagne ! (Elle remet le fauteuil.) C'est que Madame en tient pour ce jeune homme. Comme elle en

(*) Mariette, Mme de Noary.

tient !... Elle veut se venger ; on sait ce que cela veut dire... Eh bien! si l'on me paie pour cette besogne-là, bien sûr, ce sera de l'argent volé. Bon ! voilà les autres qui arrivent à présent. On a sonné... le concierge ouvre... Ils vont être là. Comme on marche vite quand on est devenu... Je ne sais plus comment dire... Cette Madame en me reprenant m'a brouillé toutes les idées.

SCÈNE V

MARIETTE, M. DE BESUCHET, THÉMISTOCLE

THÉMISTOCLE (dans le fond du théâtre)

Par ici, Monsieur; vous voilà en face du salon.

BESUCHET (*)

Thémistocle, mon garçon, soutiens-moi toujours ; je ne me sens pas en jambes aujourd'hui ; si tu venais à me lâcher, à coup sûr j'irais donner du nez sur le carreau.

THÉMISTOCLE

Ne craignez rien, Monsieur, nous sommes arrivés.

BESUCHET

Il n'y a personne ?

THÉMISTOCLE

Oh! que si, quelqu'un qui ne vous est pas tout à fait nconnu.

(*) Besuchet, Thémistocle, Mariette.

BESUCHET

Alors je vais ôter mes lunettes pour mieux voir.

THÉMISTOCLE (à Mariette) (*)

Passez à droite, Mariette, c'est le côté du bon œil.

BESUCHET

Parbleu, oui, je m'y retrouve ; c'est notre charmante Mariette, plus fraîche et plus appétissante que jamais. Scélérat de Gasquet ! j'ai toujours pensé que tu avais le meilleur goût du monde.

MARIETTE

Et moi aussi, Monsieur.

BESUCHET

Hein ! que dit-elle ?

THÉMISTOCLE

Nous allons le lui faire répéter. Mariette, passe à gauche ; c'est le côté de la bonne oreille. (Il change de bras avec Besuchet.) (**)

MARIETTE

Droite, gauche ; gauche, droite. J'ai l'air d'un conscrit à l'exercice.

BESUCHET (à Mariette qui a traversé) (***)

Vous disiez, mon enfant ?

MARIETTE (criant)

Que si j'ai le bonheur de plaire à M. Thémistocle, c'est qu'il n'est pas dégoûté.

(*) Mariette, Besuchet, Thémistocle.
(**) Mariette, Thémistocle, Besuchet.
(***) Mariette, Thémistocle, Besuchet.

BESUCHET

Eh ! vous n'avez pas besoin de crier si fort ; grâce au Ciel, j'ai encore une oreille dont je puis entendre. Allons, puisque nous y sommes, poussez-moi un fauteuil. (Mariette pousse le fauteuil et Thémistocle soutient Besuchet, qui s'assied.) Merci, mon enfant. Ouf ! aye, aye ! (S'asseyant) Tout n'est pas roses dans les voyages... N'est-ce pas, mon enfant, je suis bien mal accommodé ?

MARIETTE

Je m'en aperçois.

BESUCHET

J'espère qu'il n'en est pas de même pour Madame la Marquise ?

MARIETTE

Je le crois bien ; elle a une santé de fer. (On sonne) La voilà qui m'appelle. (*) (En s'en allant) Allez, Monsieur, elle en a enterré un, elle en enterrerait encore bien dix. (Elle sort par la gauche.)

SCÈNE VI

BESUCHET, THÉMISTOCLE

BESUCHET (Il se lève vivement)

Décidément, Thémistocle, j'étais né pour être acteur... Je me sens en verve ; je suis sûr d'arriver sans encombre au bout de mon rôle.

(*) Thémistocle, Besuchet, Mariette.

THÉMISTOCLE (regardant par la serrure de la porte de gauche)

En ce cas, Monsieur, rasseyez-vous ; car on est déjà là. (On entend tousser.)

BESUCHET (se rassayant)

Qui tousse ainsi ? (On tousse encore) Est-ce que par hasard, pendant mon absence, Madame la Marquise aurait fait l'acquisition d'une duègne ?

THÉMISTOCLE (continuant à regarder)

Je ne crois pas, Monsieur, car c'est bien elle-même ; sans doute, l'émotion lui a donné la coqueluche.

SCÈNE VII

MARIETTE, Mᵐᵉ DE NOARY, BESUCHET, THÉMISTOCLE

(Mᵐᵉ de Noary entre appuyée sur le bras de Mariette. Au moment où elle entre, Thémistocle aide Besuchet à se relever.) (')

Mᵐᵉ DE NOARY

Pardon, Monsieur, (elle tousse) de ne pouvoir... (Elle continue à tousser.)

BESUCHET

De grâce, Madame, asseyez-vous, je vous en supplie.

Mᵐᵉ DE NOARY

Volontiers, Monsieur. (Elle tousse) Mais vous même... (Elle s'arrête en faisant signe à Besuchet de s'asseoir et en continuant à tousser.)

(') Thémistocle, Besuchet.

BESUCHET

Si vous le désirez. (A Thémistocle) Thémistocle, aide-moi... (Il se rassied péniblement, soutenu par Thémistocle.)

M⁻ᵉ DE NOARY

Désolée, Monsieur, de vous recevoir au milieu d'une de ces crises qui, depuis quelque temps, se succèdent chez moi avec une fréquence véritablement effrayante. J'espère cependant être débarrassée de celle-ci au moins pour un quart d'heure.

BESUCHET

Madame...

M⁻ᵉ DE NOARY

Mariette! M. Thémistocle doit avoir besoin de se rafraîchir; conduisez-le donc à l'office.

THÉMISTOCLE (bas à Mariette) (*)

Il paraît qu'on veut se débarrasser de nous.

MARIETTE (sortant par la droite et Thémistocle par la gauche)

Sortons, mais ne nous éloignons pas. (Pendant le reste de la scène, Mariette paraît de temps en temps à la porte de droite et Thémistocle à celle de gauche.)

BESUCHET

Vous me voyez atterré, Madame... L'état de votre santé...

M⁻ᵉ DE NOARY (l'interrompant)

Oh! Monsieur, s'il vous plaît, qu'il ne soit pas question de ma santé; j'ai peu de force et par conséquent peu de moments à vous donner : ne les gaspillons pas. Permettez-moi de prendre la parole la première, et même, si cela ne

(*) Mariette, M⁻ᵉ de Noary, Besuchet, Thémistocle.

vous paraît pas indiscret, veuillez me faire la grâce de m'écouter sans m'interrompre.

BESUCHET

Madame, vos désirs sont des ordres pour moi.

Mme DE NOARY

Vous m'avez écrit, il y a peu de jours, Monsieur, et à moins que je ne me sois étrangement méprise sur le sens de votre lettre, j'y ai cru voir la demande sérieuse d'une main devenue libre.

BESUCHET

Oui, Madame.

Mme DE NOARY

Ma résolution a été bientôt prise, Monsieur: j'étais décidée à vous refuser; j'ai changé d'idée depuis quelques minutes seulement.

BESUCHET

Comment, Madame...

Mme DE NOARY

Ecoutez-moi... En amour comme en bien d'autres choses, votre sexe diffère essentiellement du nôtre. Chez vous, Messieurs, c'est l'égoïsme; chez nous, c'est le dévoûment qui prédomine.

BESUCHET (à part)

Où diable veut-elle en venir!

Mme DE NOARY

Si bien que j'allais refuser par dévoûment ce que vous me demandiez par égoïsme.

BESUCHET

Mille pardons, Madame; mais depuis un bon moment je

cherche en vain à vous suivre; c'est sans doute la faute de mon intelligence; mais je n'ai pas le bonheur...

Mme DE NOARY

C'est possible; je vais tâcher de m'expliquer plus clairement. Regardez-moi, Monsieur. Les chagrins, les secousses de ces dernières années ont compromis sensiblement cette frêle enveloppe. J'ai interrogé, Monsieur, ce que, dans un autre temps, on appelait l'oracle d'Epidaure. Il m'a répondu. On m'a auscultée. Je n'ai plus qu'un poumon, Monsieur.

BESUCHET

Un poumon, Madame!

MARIETTE (de la porte)

Celle-là est forte!

Mme DE NOARY

On a parlé.

BESUCHET (montrant sa gauche)

C'est par ici.

Mme DE NOARY

Oh! Monsieur, vous vous trompez sans doute; c'est le côté de votre mauvaise oreille; car, Dieu merci, vous en avez une bonne. Vous avez aussi un œil excellent; j'ignore lequel.

BESUCHET (montrant l'œil gauche)

Celui-ci, Madame.

Mme DE NOARY

Quant au surplus de votre individu, si j'en juge par la difficulté avec laquelle vous avez paru tantôt vous lever et vous rasseoir, vous devez être à peu près impotent.

MARIETTE (de la porte)

Je tiens le mot : *cul-de-jatte.*

Mme DE NOARY

Eh bien ! Monsieur, à quelque chose malheur est bon. Si j'eusse été la seule à apporter dans ma corbeille de mariage les tristes débris d'une santé complètement ruinée, un mariage entre nous fût devenu bien difficile : il eût fallu pour le conclure beaucoup d'égoïsme de ma part et beaucoup d'abnégation de la vôtre.

BESUCHET

Croyez, Madame...

Mme DE NOARY

Vous aviez promis de ne pas m'interrompre. Remercions le Ciel de nous avoir logés à la même enseigne. Nous pouvons ainsi sans scrupule mettre en commun nos infirmités et nos souffrances ; c'est une consolation : elle est triste, mais c'en est une, Monsieur. M'avez-vous comprise ?

BESUCHET

Parfaitement, Madame, et je ne prolongerai pas davantage une situation ridicule. Me voilà tout à fait rassuré sur le sort de votre poumon, après la tirade que vous venez de fournir sans reprendre haleine. Vous devez l'être également sur le sort de mes yeux, de mes oreilles, et (se levant) j'ose le dire aussi, de mes jambes. Voyons, Madame, coupons court à cette comédie. J'ai eu le tort, sans doute, d'employer avec vous une ruse plus innocente que vous ne le croyez peut-être ; elle vous aura fourni l'occasion d'exercer votre sagacité. Vous êtes vengée : nous sommes quittes.

Mme DE NOARY (se levant)

Comment l'entendez-vous, Monsieur ! Je vous trouve encore plus léger au moral qu'au physique. Quittes !... ah ! vous faites bon marché de la dignité d'une femme outragée. Quittes ! Mais savez-vous, Monsieur, que, par votre indigne supercherie, vous venez de détruire en quelques minutes la condition la plus nécessaire à deux êtres qui veulent associer leur nom et leur existence, la confiance ! Appelez votre laquais, Monsieur, appelez-le, non plus pour réclamer le secours de son bras, mais pour repasser avec lui le seuil d'une porte que vous n'aurez plus à franchir.

BESUCHET (avec une colère contenue)

Vous êtes dure, Madame, bien dure. Vous avez parlé de votre dignité, c'est me rappeler la mienne. Après les dernières paroles que vous venez de prononcer, n'attendez pas de moi que je vous offre des explications, ni que je m'abaisse à des excuses.

Mme DE NOARY

Comme il vous plaira, Monsieur.

BESUCHET (appelant)

Gasquet !

Mme DE NOARY (de même)

Mariette !

SCÈNE VII (ET DERNIÈRE)

Mme DE NOARY, BESUCHET, MARIETTE, THÉMISTOCLE

THÉMISTOCLE (ouvrant la porte)

Monsieur.

MARIETTE (de même)

Madame.

(¹) Mme de Noary. Besuchet, Mariette.

BESUCHET

Que veut dire ceci ?

Mᵐᵉ DE NOARY

Cela veut dire que nous avons des domestiques qui écoutent aux portes.

BESUCHET

Quelle insolence !

MARIETTE (s'avançant) (¹)

Ne vous fâchez pas, Monsieur; faites plutôt pour nous ce que vous demandiez tout à l'heure pour vous-mêmes : ne nous donnez pas tort avant de nous entendre.

BESUCHET

Eh bien ! qu'avez-vous à dire ?

MARIETTE

Que si nous avons été curieux ou indiscrets, c'est par pure nécessité.

Mᵐᵉ DE NOARY

Par nécessité ?

MARIETTE

Oui, Madame. Monsieur et Madame savent bien qu'il existe entre M. Thémistocle et moi d'anciens engagements dont nous ne pouvons plus reculer le terme.

BESUCHET

C'est-à-dire que vous voulez vous marier ?

MARIETTE

Précisément. Mais nous aurions désiré pouvoir le faire

sans être obligés de quitter nos maîtres, que nous aimons beaucoup, n'est-ce pas M. Thémistocle ? (*)

THÉMISTOCLE (qui est rentré sur la scène)

Oh ! oui, beaucoup.

BESUCHET

Et c'est ce que vous allez faire, cependant.

MARIETTE

Mais, Monsieur...

Mme DE NOARY

Et encore de suite et sans dire gare.

MARIETTE

Mais, Madame...

BESUCHET

Comment, M. Thémistocle, vous auriez ce front-là. Vous que j'ai arraché à la misère, ou, si vous l'aimez mieux, à votre boutique de la place de Lenche ; vous avec qui j'ai vécu pendant quatre années de voyage plutôt comme un camarade que comme un maître.

THÉMISTOCLE

Je ne l'ai pas oublié, Monsieur.

Mme DE NOARY

Et vous aussi, Mariette, vous oubliez à ce point toutes mes bontés. Où auriez-vous trouvé une maîtresse qui vous eût abandonné comme moi, non-seulement toute sa garde-robe, mais encore tous les bijoux que je mettais à la réforme... Ah ! vous êtes un monstre d'ingratitude.

(*) Mme de Noary, Besuchet, Mariette, Thémistocle

MARIETTE

Oh! Madame, ne parlez pas ainsi. Si j'étais ingrate, est-ce que je ne viendrais pas réclamer les vingt actions du *Crédit Mobilier* que j'ai gagnées ?

BESUCHET (à M™ de Noary)

Que veut-elle dire ?

MARIETTE

Oui. Madame voulait une rupture avec vous; elle voulait les torts de votre côté ; elle m'a promis les actions, si je réussissais à éloigner M. le Chevalier. C'est bien ainsi que les choses se sont passées.

BESUCHET

Comment, Madame, et c'est vous qui tout à l'heure... Mais, non, je ne récriminerai pas. Ouvrez enfin les yeux, Madame. Comme moi, vous avez hésité. Un moment vous avez tremblé devant la responsabilité du bonheur dont vous alliez vous charger. Mais, chez vous comme chez moi, Madame, toute hésitation, toute crainte n'ont-elles pas disparu en ce moment! Ah! puissé-je vous dire l'impression que j'ai éprouvée tout à l'heure en vous revoyant, lorsque, au lieu de la jeune fille, j'ai retrouvé la femme dont le sens a mûri, dont la beauté, la grâce et l'intelligence ont grandi plus encore... Ah! Madame, je vous ai aimée, mais jamais autant qu'en ce moment... Vous gardez le silence ! Est-ce un consentement ! est-ce un refus ! Faut-il solliciter mon pardon à vos pieds? (Il se jette à ses genoux).

M™ DE NOARY

Relevez-vous, Monsieur. Vous accorder un pardon, ce serai de mon côté être réduite à vous demander grâce.

BESUCHET (il se relève et baise la main de Mme de Noary)

Oh ! merci, madame, merci !

Mme DE NOARY

Mais que ceci nous serve de leçon. Entre nous, Monsieur, désormais plus de ruse, plus de défiance, et si l'un de nous manquait à cette règle de conduite, qu'il soit permis à l'autre de lui rappeler le proverbe...

BESUCHET

A bon chat...

Mme DE NOARY et MARIETTE (celle-ci faisant la nique à Thémistocle

Bon rat.

L'OPODELDOCH

PERSONNAGES

HENRI DE BRUNIER, ex-zouave du Pape.
NOEL BERTRAND, ex-zouave du Pape.
M⁏ᵉ ROGUET, maîtresse de pension.
M⁏ᵉ EVELINE, sous-maîtresse.
Jeunes Pensionnaires, personnages invisibles.

La scène se passe à Aix en Provence en 1860.

Salon de compagnie, porte au fond, portes latérales à droite et à gauche; celle de droite conduit à l'appartement de M⁏ᵉ Roguet, celle de gauche à l'appartement d'Eveline; à gauche, dans le fond, cheminée avec glace; sur le devant à droite, un petit bureau; à gauche, table à ouvrage, chaises et fauteuil; dans un coin, un balai, un torchon et un plumeau.

L'OPODELDOCH [1]

VAUDEVILLE EN UN ACTE

SCÈNE PREMIÈRE

Mlle ROGUET, LES PENSIONNAIRES (invisibles)

LES PENSIONNAIRES (derrière le théâtre)

Vive mademoiselle... vive mademoiselle...

Mlle ROQUET (dans le fond et à la cantonnade)

C'est bon, c'est bon, fillettes ; allez sauter à la corde dans la cour jusqu'à l'heure du déjeuner. Aujourd'hui, en l'honneur de ma fête, on vous servira du chocolat au lait et un pudding de ma composition.

LES PENSIONNAIRES

Bravo... bravo...

Mlle ROQUET (même jeu)

Et après déjeuner, Mlle Eveline vous conduira à la Torse en promenade.

LES PENSIONNAIRES

Bravo... vive mademoiselle, vive mademoiselle.

[1] Préparation pharmaceutique employée indifféremment sous la forme liquide ou solide.

M{ll} ROQUET (même jeu

Assez, assez; vous me felez le tympan. (Elle entre et descend en scène) Quel guignon !... pas de domestique à la Saint-Joseph ; juste quand il me faut régaler toutes ces morveuses ; avec cela mes rhumatismes qui me reprennent de plus belle. (Portant la main à l'épaule) Oh! là là !... Oh! là là !... Et cette sous-maîtresse qui ne revient plus. (Ecoutant) Je crois pourtant que la voici.

SCÈNE II

EVELINE, Mlle ROQUET

EVELINE (essoufflée avec deux bouteilles)

Mademoiselle, je viens de terminer toutes vos commissions.

Mlle ROQUET

Bien, Eveline...

EVELINE

Voilà d'abord le rhum pour votre pudding. (Elle le dépose sur la cheminée) Voilà ensuite pour vos douleurs, l'o... l'o...

Mlle ROQUET (d'un ton doctoral)

L'opodeldoch...

EVELINE (à la cheminée)

Quel nom pour une drogue !

M¹¹ᵉ ROGUET (sèchement)

Drogue, si vous voulez, mais cette drogue a bien son mérite.

(Air napolitain)

C'est bien à tort que votre esprit se moque
D'un nom savant que l'on a fait *ad hoc* ;
J'en conviendrai, c'est un terme baroque,
Sourd, rauque, sec, et bien plus dur qu'un roc ;
Mais tout perclus qui, comme moi, l'invoque,
Tressaille d'aise au nom d'*Opodeldoch*.
Si notre oreille est un membre qu'il choque } bis
Le corps entier s'en réjouit en bloc.

EVELINE

A la bonne heure. (Lisant l'étiquette) Usage externe. Voulez-vous que je vous frictionne ?

M¹¹ᵉ ROGUET (sèchement)

Plus tard ; vous voyez bien que je suis habillée ! Que vous a dit Mᵐᵉ la comtesse des Agassins ?

EVELINE (déposant la bouteille en descendant)

Ah ! la cuisinière et la fille de chambre qu'elle vous avait arrêtées, seront ici dans dix minutes.

M¹¹ᵉ ROGUET

Enfin !

EVELINE (elle ôte son chapeau)

Seulement, elle a paru très étonnée que vous ayez congédié vos domestiques, sans leur accorder les huit jours d'usage.

M¹¹ᵉ ROGUET

Vous ne lui avez donc pas raconté ce qui s'est passé, et

comment j'ai été obligé de les mettre à la porte sur le champ. Quel scandale ! deux filles que j'ai surprises dans mon jardin à dix heures du soir causant avec des jeunes gens.

EVELINE

La grille du portail les séparait.

Mlle ROGUET

Vraiment, vous auriez attendu qu'on la leur ouvrît. Voilà bien la morale du siècle, toujours des capitulations de conscience. Dieu merci, on n'aura jamais à me reprocher de semblables relâchements. (Elle se dirige vers la droite.)

EVELINE

Je vais retrouver les élèves,

Mlle ROGUET

Non... demeurez ; laissons-leur aujourd'hui liberté complète, je ne crois pas d'ailleurs vous contrarier beaucoup en vous priant de rester seule ici.

EVELINE (avec empressement)

Oh ! non, Mademoiselle !

Mlle ROGUET

Je m'attendais à cette réponse, depuis quelque temps vous paraissait affectionner singulièrement la solitude.

EVELINE

Si cela était, quel mal y verriez-vous ?

Mlle ROGUET

Quel mal ! celui de devenir de plus en plus distraite, nuageuse.

EVELINE

Nuageuse !

M!!e ROGUET

Je sais ce que je veux dire, je n'aime pas les jeunes filles qui rêvassent.

EVELINE

Mademoiselle, je ne rêvasse pas.

M!!e ROGUET

Quand j'ai la bonté de vous adresser une observation, faites-moi l'honneur de ne pas me contredire... Qu'est-ce qui vous a pris hier soir avant de vous coucher, de vous accouder sur votre fenêtre, et de rester là, demi-heure, bouche béante, à contempler la lune ?

EVELINE (balbutiant)

J'ai... j'aime beaucoup la lune... je la préfère au soleil; bien des gens sont de mon avis.

M!!e ROGUET

Oui... les personnes superficielles comme vous.

(Air : Du Vaudeville de l'Apothicaire.)

> La lune, cet astre incomplet,
> Dont la lumière est inféconde;
> Offre à leurs yeux bien plus d'attrait
> Que le soleil, ce roi du monde.
> Le soleil fixe et persistant
> Est immuable dans sa sphère;
> La lune est un astre inconstant,
> C'est pour cela qu'on la préfère *(bis)*.

EVELINE

Il doit y avoir une autre raison.

M!!e ROGUET

Laquelle ?

EVELINE

(Même air)

Depuis que l'or est abondant,
L'argent est devenu plus rare ;
De ce métal insuffisant
Il faut bien se montrer avare.
Le soleil, astre étincelant,
A des flots d'or et de lumière ;
La lune est un disque d'argent.
C'est pour cela qu'on la préfère *(bis)*.

Mlle ROGUET (haussant les épaules)

Que vous avez l'esprit frivole. (Désignant un livre sur la table à ouvrage) Je gage que vous avez là un roman.

EVELINE (passant le livre)

Regardez... c'est un voyage en Italie.

Mlle ROGUET (elle le dépose sur le bureau)

Italie... Italie ! Parce que vous avez eu un cousin blessé et un autre tué à Castelfidardo, ce n'est pas une raison pour vous occuper sans cesse de l'Italie. Pleurez si vous voulez celui qui est mort ; mais pour l'autre, vous savez bien que vos parents vous ont défendu de songer à lui ; il est riche, il vient, dit-on, d'hériter en totalité de son cousin et vous n'avez pas le sou ; c'est même pour cela qu'on vous a fait entrer ici.

EVELINE (choquée)

Mademoiselle.

Mlle ROGUET

Mon Dieu, je ne vous en fais pas un reproche ; cependant il est pitoyable de voir cette noble carrière de l'enseignement n'être jamais recherchée que par des personnes tout à fait mortes de faim.

EVELINE (gonflée et la larme à l'œil)

Mais, Mademoiselle...

Mlle ROGUET

Je devine ce que vous allez me dire, c'est une vie toute de renoncement sans doute, mais elle a ses compensations.

EVELINE

Hélas ! je ne les connais pas encore.

Mlle ROGUET

Tant pis pour vous, plus tard vous apprécierez mieux les charmes de l'étude... oh ! la science, la science (*).

EVELINE (à part)

Bon ! un sermon.

Mlle ROGUET

Comme elle agrandit le cercle de l'intelligence, comme elle transporte l'âme dans une région supérieure ! Avec elle on prend bien vite en pitié les côtés matériels de l'existence.

EVELINE (à part)

Sainte Filandre, priez pour nous.

Mlle ROGUET (se regardant au miroir)

Suis-je assez mal coiffée ? Il faut que ce matin vous m'ayez lacée de travers.

EVELINE (à part)

Pécore !

Mlle ROGUET

Jamais je n'ai été fagottée à ce point.

(*) Mlle Roguet, Eveline.

EVELINE

J'avoue y avoir apporté peu d'attention, connaissant votre dédain pour le côté matériel...

M¹¹ᵉ ROGUET (l'interrompant)

Taisez-vous, on n'est pas coquette ; mais sous peine de devenir ridicule, il faut s'habiller comme tout le monde ; ne raillez pas la science, je lui dois de me sentir cuirassée contre les plus rudes épreuves de la vie... hou la la, hou la la...

EVELINE

Mais, qu'avez-vous donc ?

M¹¹ᵉ ROGUET

Maudit rhumatisme, il m'avait gagné l'épaule tout à l'heure ; et à présent, il a pris siège dans l'épine dorsale... hou la la. . hou la la... hou la la... quel supplice !

EVELINE

J'avais offert de vous frictionner.

M¹¹ᵉ ROGUET (très sèchement)

Encore... faut-il vous répéter que je ne suis pas déshabillée ; il semble que vous ayez fait le pari de me contrarier en quoi que ce soit.

EVELINE

Je vous le disais en bonne intention.

M¹¹ᵉ ROGUET

Comme si cela pouvait suffire ; l'enfer est pavé de bonnes intentions. (Elle sort par la droite.)

SCÈNE III

EVELINE (seule)

Et voilà la vie qui m'est destinée... ô mon Dieu, mon Dieu !.. Allons, pas de faiblesse..., c'est le moment de recourir à mon consolateur ordinaire. (Elle s'assied devant le bureau et en retire un cahier à couverture rouge : écrivant), 19 mars, fête de saint Joseph. (S'interrompant) Est-il encore un jour de fête pour moi...? (Déposant sa plume)... Oui... Je m'applaudis de plus en plus d'une détermination que le ciel, sans doute, m'a lui-même inspirée. Si je souffre, si je broie du noir, je transcris là sur ce journal mes pensées les plus secrètes, et aussitôt je me sens toute réconfortée.

(Air : Il me faudra quitter l'Empire.)

C'est un ami qu'en mes jours de tristesse,
Avec bonheur je trouve sous la main ;
Et qu'à mon gré je reprends ou je laisse,
Sans qu'il se montre ou jaloux ou chagrin. *(bis)*
Si même un jour je voulais le détruire,

(Faisant le geste de se mettre des papillotes.)

A ma toilette, il servirait encor. *(bis)*
L'ami fidèle, alors qu'on le déchire,
Est à coup sûr un bien rare trésor.

(Elle écrit) Henri, Henri... je n'entends plus parler de vous. Qu'êtes-vous devenu ? M'auriez-vous oubliée après tant de promesses, après tant de serments? (N'écrivant plus) Tous les soirs je suis exacte au rendez-vous, en faites-vous autant de votre côté ? (Ecrivant) Ah ! que n'ai-je vécu dans un de ces siècles où les paladins venaient délivrer les châtelaines emprisonnées dans leur donjon! peut-être qu'alors... (Quittant sa plume). Miséricorde, qu'ai-je entendu, on marche dans le vestibule! (Se levant et refermant le bureau, mais en laissant la clé) Seraient-ce les nouvelles venues! ces petites filles leur auront ouvert la porte, sans dire gare. (Elle va regarder à la porte du fond) J'ai deviné... que faire!... que leur dire!... Ma foi, je me sauve, tant pis pour Mlle Roguet, ceci la regarde, qu'elle se débrouille comme elle l'entendra. (Sortie par la gauche).

SCÈNE IV

BERTRAND, HENRI (travestis en femmes)

BERTRAND (entrant par le fond)

Dis donc, marquis! Suis-je la victime de mes sens abusés? n'as-tu pas ainsi que moi entr'aperçu une sylphide?

HENRI (de même)

Sans aucun doute. (A part) C'est elle, je l'ai reconnue.

BERTRAND

Alors, elle s'est subtilisée. (Fredonnant sur l'air de *Guido et Ginevra*).

Hélas! elle a fui comme une ombre
En me disant : je reviendrai.
Elle n'a pas dit : je reviendrai.

HENRI

Veux-tu te taire, étourdi! tu vas tout gâter avec ta voix de basse-taille.

— 185 —

BERTRAND

Conscrit, tu n'y entends rien; la voix de rogomme est dans le rôle de cuisinière; et je *la* suis depuis un quart d'heure.

HENRI

Madame la cuisinière, attention, votre jupe passe.

BERTRAND

Tu es un mauvais plaisant, je ne crains rien, je suis solidement attaché.

HENRI

e.

BERTRAND

Pourquoi fais-tu heu?

HENRI

Le féminin : attachée... ; tu perds de vue ton sexe à chaque instant.

BERTRAND

C'est possible, mais ce n'est pas la question. Dis donc, Henri, que de services ne t'ai-je pas rendus depuis notre départ de Rome? Veux-tu que nous récapitulions ensemble le nombre de petits verres que tu me redois à cette occasion?

HENRI

Si cela t'amuse, récapitule.

BERTRAND

J'ai fait ta malle.

HENRI

Un...

BERTRAND

Embarquement à Civita-Vecchia... mal de mer pour toi pendant toute la traversée. Que de soins je t'ai donnés!

Air: Si j'étais fleur des bois.

Pour toi seul je quittais
La dunette,
Quand ton front se penchait,
C'était moi qui tenais
La cuvette *(bis)*.

Et cela pendant trois jours.

HENRI

Eh bien, compte-moi trois petits verres et qu'il n'en soit plus question.

BERTRAND

Et les nuits donc! cela fait six; six et un que nous tenons valent sept... A Marseille, tu me laisses à peine le temps de respirer, et tu m'emballes pour Aix immédiatement.

HENRI

C'est-à-dire vingt-quatre heures après.

BERTRAND

Quand on a pris goût aux monuments, vingt-quatre heures ne suffisent pas pour visiter les cafés de Marseille... huit.

HENRI

Comment faire! ma tante des Agassins m'avait prié de lui accorder quelques jours à mon passage.

BERTRAND

C'est possible, mais ce n'est pas la question... huit.

HENRI

Pouvais-je planter là ma tante ?

BERTRAND

Mauvais... détestable ! malheureux, ce n'est pas ta tante, c'est moi que tu as planté chez elle.

HENRI

Aurais-tu trouvé l'auberge mauvaise ?

BERTRAND

Au contraire, les lits sont mous et le vin fameux ; c'est pour cela que je me plains de me voir actuellement transvasé dans cette caserne étant et encore sous cet uniforme... neuf.

HENRI

Voyons, Bertrand, montre-toi raisonnable, tu sais que j'ai une communication des plus importantes à faire à Eveline, *(se reprenant)* à Mlle Eveline ; il n'est pas facile d'arriver jusqu'à elle... fallait-il laisser échapper l'occasion que la Providence venait nous offrir ? deux bonnes filles que ma tante envoyait à Mme Roguet, et qui n'ont fait aucune difficulté de nous confier leurs papiers pour 24 heures.

BERTRAND

Je le crois bien ; moyennant finances, car chez toi, Marquis, c'est comme à l'Opéra, tu as toujours de l'or à ton service, tu es bien heureux, va...

HENRI

Ne me le reproche pas, Bertrand, tant qu'il me restera une pièce de cent sous, en poche, ce sera pour la partager avec toi.

BERTRAND

Çà, c'est vrai ; c'est drôle tout de même comme la

gamelle rapproche les distances. Qui m'eût dit à moi, Noël Bertrand, sergent-major au 2ᵐᵉ zouaves, que je passerai au service du Pape avec ce farceur de La Moricière, et que là j'aurai sous mes ordres le marquis de Brunier, mon caporal, jusqu'à cette heure et à présent...

HENRI

Ton ami pour la vie, Bertrand, tu m'as rendu un de ces services que tous les petits verres du monde ne sauraient payer : je venais de tomber à tes côtés, un Piémontais allait m'achever, lorsque...

BERTRAND

C'est possible, mais ce n'est pas la question... Dis donc, Marquis, ne trouves-tu pas qu'on nous fait joliment droguer ici ? comment appeler les gens ! ah ! une idée. (Il renverse une chaise).

HENRI

Que fais-tu donc ?

BERTRAND

Tu vas voir. (Il renverse une autre chaise). (*)

Mˡˡᵉ ROGUET (en dehors)

Mesdemoiselles... Mesdemoiselles...

BERTRAND

Le stratagème a réussi ; entends-tu gueuler la bourgeoise ?

(*) Henri, Bertrand.

SCÈNE V

HENRI, BERTRAND, Mlle ROGUET

Mlle ROGUET (paraissant par la droite)

Que signifie ce tapage ? le diable serait-il entré dans la maison ?

HENRI (à part)

A peu près.

Mlle ROGUET

Mesdemoi... (Apercevant Henri et Bertrand) Ah !...

BERTRAND

Ne faites pas attention, Madame la commandante, si l'on a un peu bousculé votre mobilier, c'est la faute à nos crinolines. Au surplus, (relevant les chaises) voilà qui est dit, ni vu, ni connu.

Mlle ROGUET

C'est donc vous qui êtes les protégées de Madame la comtesse des Agassins; vous avez sans doute des papiers ?

BERTRAND

Parguienne, est-ce qu'on marche sans cela !

Mlle ROGUET

Voyons-les. (Bertrand se tâte la poitrine) Où allez-vous les chercher, c'est là que vous les tenez ?

BERTRAND

C'est z'une méprise. (Bas) Flanquons-lui du cuir en masse; ça fera de l'effet. (Haut et remettant un papier) Voilà...

11.

Mlle ROGUET

(Après avoir parcouru le papier) Qu'est-ce que vous me donnez-là ! (Lisant) Nous, commandant du 2° régiment de zouaves, invitons les autorités civiles et militaires à... Mais c'est un brevet de maître d'armes...

BERTRAND (retirant le papier)

Encore une méprise ! où donc ai-je la tête aujourd'hui ? c'est le brevet de ce pauvre Bertrand.

Mlle ROGUET

Vous êtes mariée...

BERTRAND

Non, mais je l'ai z'été...

Mlle ROGUET

Oh ! z'été.

BERTRAND

T'été...

Mlle ROGUET

Oh ! t'été...

BERTRAND

Il'été, avec une hache aspirée. Que diable ! on a su sa grammaire.

Mlle ROGUET

Oui, mais on l'a z'oubliée.

BERTRAND

Elle est maligne la bourgeoise.

Mlle ROGUET

Allons, ne baguenaudons pas... ces papiers.

BERTRAND (lui en donnant d'autres)

Voilà... au dernier les bons.

Mlle ROGUET

C'est bien, vous êtes en règle (Elle les lui remet).(A Henri) A vous...

HENRI (d'une voix flûtée et faisant la révérence) (*)

Mademoiselle...

Mlle ROGUET

Vous connaissez le service ?

HENRI (de même)

Oui, Mademoiselle.

Mlle ROGUET

Vous vous nommez...?

HENRI (de même)

Jeannette... Mademoiselle.

Mlle ROGUET (impatientée)

Cessez donc vos révérences ; je vous prends pour faire le métier d'une fille de chambre et non pas celui d'une lampe à pompe.

HENRI (immobile et les bras collés au corps)

Oui, Mademoiselle.

Mlle ROGUET

Vous avez l'air timide.

HENRI

Oui, Mademoiselle.

(*) Bertrand, Henri, Mlle Roguet.

Mˡˡᵉ ROGUET

Je ne sache pas cependant que mon physique ait de quoi épouvanter personne.

BERTRAND

Non, sacrebleu, au contraire.

Mˡˡᵉ ROGUET (satisfaite)

A la bonne heure, mais on ne jure pas.

BERTRAND

Dame, écoutez, quand on a z'été cantinière, c'est devenu z'une habitude.

Mˡˡᵉ ROGUET

Oui, mais il faut s'en corriger, vous êtes ici dans une sainte maison; allons, Jeannette, vos certificats. (Henri cherche derrière le dos) Vous aussi, où allez-vous les chercher? voyons, dépêchons.

HENRI

Ne vous impatientez pas.

Mˡˡᵉ ROGUET (sèchement)

Je ne m'impatiente jamais... à moins d'en avoir des motifs légitimes.

HENRI (présentant les papiers)

Tenez, Mademoiselle.

Mˡˡᵉ ROGUET

Au fait, c'est inutile, et puisque Mᵐᵉ la comtesse des Agassins vous a recommandées l'une et l'autre, gardez-les (*).

(*) Bertrand, Mˡˡᵉ Roguet, Henri.

Vous allez entrer immédiatement en fonctions. (A Bertrand vous, la cuisinière, j'ai oublié de vous demander comment on vous appelle ?

BERTRAND

Julienne ; (bas) un nom de potage.

Mlle ROGUET

Eh bien ! Julienne, pour le moment, vous n'aurez pas grand chose à faire, il vous suffira de descendre à la cuisine pour surveiller le déjeuner de ces demoiselles.

BERTRAND

Un beefteck...

Mlle ROGUET

Non pas... du lait avec du chocolat sur le feu... vous trouverez à côté quelque chose qui mijote dans un grand pot ; c'est un pudding de ma création ; vous connaissez le mets appelé pudding ?

BERTRAND

Je le crois bien, un quoi que ce soit z'avec du rhum et raisins secs.

Mlle ROGUET

C'est cela ; à propos de rhum, vous en avez là une bouteille, la première. Oh ! oh ! la ! la ! oh ! la ! la.

BERTRAND (*)

Qu'est-ce qui vous prend ? vous avez fait la grimace. (D'un ton calin). On dirait que vous souffrez.

Mlle ROGUET

Oui, ce sont des douleurs auxquelles je suis sujette, et je

(*) Mlle Roguet, Bertrand ; dans le fond, Henri.

ne sais si c'est affaire d'imagination, mais dès que j'aperçois ces bouteilles je crois les sentir redoubler.

BERTRAND

Si par hasard elles étaient (montrant le ventre) dans l'estomac, le remède n'est pas loin, c'est si bon pour cela le rhum, je vous en offre un petit verre. (Il s'avance).

Mlle ROGUET

Ce sont des rhumatismes dans le dos.

BERTRAND

Qu'est-ce que cela fait! c'est la même chose, seulement il nous en faudra deux.

Mlle ROGUET

Vous vous souvenez un peu trop de votre métier de cantinière; j'ai là ce qui me convient, Jeannette.

HENRI

Mademoiselle.

Mlle ROGUET

Vous savez lire?

HENRI

Oui, Mademoiselle.

Mlle ROGUET

Prenez cette autre bouteille. Qu'y a-t-il sur l'étiquette ?

HENRI (lisant) (*)

Opodeldoch.

BERTRAND

Quès à quo?

(*) Henri dans le fond, Mlle Roguet, Bertrand.

Mlle ROGUET

Usage externe, c'est bien cela. (A Henri) Vous allez me suivre dans ma chambre pour me délacer.

HENRI

Hein ?

BERTRAND

Certainement, tu ne comprends donc rien, imbécile... (Se reprenant) fille imbécile. Mademoiselle souffre en ce moment, et elle éprouve le besoin de se divertir; justement tu as une jolie voix de contralto, tu lui chanteras quelque chose.

Mlle ROGUET (haussant les épaules)

Il ne s'agit pas de cela, vous vous méprenez étrangement. (Prenant la bouteille et lisant) usage externe... c'est un spécifique souverain contre les douleurs rhumatismales qu'on emploie à l'état de frictions... il suffit pour cela d'en verser cinq à six gouttes dans le creux de la main... vous frottez ensuite la partie malade, (faisant le geste) comme cela, avec la paume, doucement d'abord, et puis par gradation le plus fort possible. (Elle remet la bouteille à sa place). Eh bien ! qu'avez-vous à me regarder l'une et l'autre avec de grands yeux tout ébahis ?

BERTRAND

C'est que, voyez-vous, mademoiselle, pour lors qu'il s'agit de frotter vivement, cela me regarde... parce que... celle-là... Jeannette, ma camarade... c'est une bonne fille... mais quoi, une vraie chiffe, ni nerfs, ni poignet, au lieu que moi... (Geste de frotter vivement.)

Mlle ROGUET

Que ce soit l'une ou l'autre, peu m'importe, seulement le service ne doit pas en souffrir, vous irez d'abord à la cuisine

et vous viendrez me retrouver ensuite... (A Jeannette)
Pour vous, mademoiselle, qui avez le poignet délicat,
prenez ce plumeau et ce torchon (montrant le coin à droite)
et vous les passerez avec soin sur tous les meubles ; donnez
d'abord un coup de balai dans l'appartement. (Indiquant le
même coin) Vous avez dans ce coin tout ce qui vous est
nécessaire.

HENRI (faisant la révérence)

Oui, mademoiselle. (Bertrand prend la bouteille d'Opodeldoch.)

Mlle ROGUET (*)

Encore vos révérences... vous me portez sur les nerfs...

BERTRAND (lisant l'étiquette)

Opodeldoch... j'y suis à présent... c'est au moins du
russe... j'y suis tout à fait. Opodeldo, eau pour le dos.
Podeldo, (faisant le geste de frotter) j'emporterai la peau du
dos.

Mlle ROGUET

Ce n'est pas nécessaire. (Avec emphase) Cuisinière à vos
fourneaux... je vous attends tout à l'heure.

BERTRAND

Certainement, certainement.

(*) Henri, Bertrand, Mlle Roguet.

SCÈNE VI

HENRI, BERTRAND

BERTRAND (riant)

Eh, eh, eh. Eh bien ! Henri, que penses-tu de la situation ? encore un fameux service que je te rends... Dis donc, nous devons être au onzième petit verre.

HENRI

Au douzième, si cela peut te faire plaisir, tu es venu fort à propos à mon aide ; mon Dieu ! je ne suis pas plus bégueule qu'un autre, mais aux termes où nous en sommes avec ma cousine, et lorsque je viens ici tout exprès pour lui dire.....: franchement j'étais vexé.

BERTRAND

Mais moi, je ne le suis pas ; j'ai mon idée.

HENRI

Pauvre Eveline !

BERTRAND

Cette femme là est fort bien.

HENRI

Comment le sais-tu ? tu l'as à peine vue.

BERTRAND

J'ai mes renseignements ; la maison est à elle.

HENRI

Quelle maison ?

BERTRAND

Celle où nous sommes : elle a été très bien élevée.

HENRI

Qui ? la maison !

BERTRAND

Non pas : elle, à Saint-Denis, c'est la fille d'un officier.

HENRI

Qu'est-ce que tu me chantes ?...

BERTRAND

Il y a, aussi, un bureau de tabac.

HENRI

Vas-t-en au diable avec ton bureau de tabac.

BERTRAND

Très bien achalandé, c'est une belle femme... On peut y ajouter un débit de liqueurs.

HENRI

Pourquoi faire !

BERTRAND

Ce sera une économie... j'ai mon idée.

HENRI

Tu perds la boule !

BERTRAND

Pas du tout... double économie pour elle et pour moi : pour elle suppression d'un gérant, pour moi multiplication de petits verres... mais à pouf tu comprends.

HENRI

Pas le moins du monde, et si la bouteille de rhum que tu tiens à la main n'était encore pleine, je croirai...

BERTRAND

Et mon cher, crois ce que tu voudras, mais c'est la plus belle femme du monde.

HENRI

Mais qui... mais qui donc?...

BERTRAND

Et parbleu, Mlle Roguet, voilà trois quarts d'heure que je t'en parle, et tu fais le semblant de ne pas me comprendre.

HENRI

Bah... hypocrite, et tu te faisais tirer la manche quand tu venais ici pour ton propre compte.

BERTRAND

Que veux-tu ! j'ai beaucoup réfléchi dans la traversée pendant que tu étais absorbé... dans tes occupations. Je me disais à part, moi: Bertrand, mon ami, tu te fais vieux ; tu vas te retirer du service, il faut faire une fin... Parguenne, quelle belle occasion ! l'âge est assorti, une tenue supérieure. Et quel chic ! (La contrefaisant) Cuisinière à vos fourneaux. Elle a dit cela comme une impératrice... aussi y cours-je.

HENRI

Et tu feras bien, bavard.

BERTRAND (fausse sortie)

Dis donc, marquis, il doit y avoir des économies. Décidément c'est une superbe femme.

SCÈNE VII

HENRI (seul)

L'idée de Bertrand n'est pas si bête qu'elle en a l'air, il serait fort bien casé ici, brave garçon ; s'il ne s'agissait pour cela que d'un sacrifice, je le lui offrirai de bien bon cœur... Allons, fainéante, à l'ouvrage. (Il donne quelques coups de balai) J'ai bien fait de jouer la timidité, le moyen autrement d'expliquer ma gaucherie sous ce costume. (Il continue à balayer, s'arrêtant) Assez de balai comme cela, passons à d'autres exercices. (Passant le plumeau) Voilà qui est singulier, on dirait que cette occupation pousse aux idées sentimentales, ou plutôt, ne serait-ce pas l'influence des lieux, quand je songe qu'il y a dix minutes, elle était là, là même...

Air de Fortunio

(Assis devant la table à ouvrage)

C'est peut-être ici qu'elle laisse
Aller son cœur,
A quelque rêve de tristesse
Ou de bonheur.

(*S'accoudant*) Ici que son âme murmure
Bien bas, bien bas,
L'aveu que sa lèvre si pure
Ne me dit pas.

(*Devant la glace*) Ici que malgré le nuage
Qui l'assombrit,
En contemplant son beau visage
Elle sourit.

(Prenant le torchon) Passons au torchon. (Il s'approche du

bureau) Ah! ah! ici on laisse les clés tenir aux meubles...
ce n'est pas prudent. (Tirant la clé) La serrure est peut-être
forcée, ou bien c'est le tiroir qui n'a pas de jeu. (Apercevant
le journal d'Eveline qu'elle a laissé ouvert) Tiens, qu'est-ce que
je vois... l'écriture d'Eveline! (Il lit) ... 19 mars. (Parlé)
Mais c'est fait de ce matin. (Lisant) Henri, Henri. (Parlé)
Elle m'appelle à son secours, et moi qui l'accusais de m'a-
voir oubliée. (Parcourant le cahier) C'est son journal... Ma
pensée et mon nom le remplissent à chaque page... O Eveline, Eveline. (Entendant marcher) C'est elle... plaçons tout
cela en ordre et remettons-nous. (Il referme l'album, repousse
le tiroir, et fait semblant de frotter les meubles).

SCÈNE VIII

EVELINE, HENRI

ÉVELINE (avec une corbeille pleine de linge)

On la dit timide; ne l'effarouchons pas... Jeannette,
Mlle Jeannette...

HENRI

Plait-il! Mademoiselle.

ÉVELINE (s'asseyant près de la table à ouvrage)

Je vous apporte de l'ouvrage; il y a de l'arriéré dans la
lingerie; ces demoiselles trouent beaucoup. Que faites-vous
là-bas avec votre torchon?

HENRI

Vous le voyez; Mademoiselle m'a bien recommandé de
frotter avec soin tous les meubles.

EVELINE

Oui, mais depuis lors, vous devez avoir fini... ceci presse davantage, rapprochez-vous de moi, nous aurons bientôt fait connaissance.

HENRI (à part)

Je l'espère bien.

EVELINE

Tenez: voilà un bas dont tout le talon est emporté; il est impossible de reprendre les mailles, il vaut mieux y ajouter une pièce; ceci vous sera bien facile.

HENRI

Pas tant que vous pouvez le croire; je n'ai ni fil ni aiguilles.

EVELINE

C'est juste: voici du fil; quant aux aiguilles, où ai-je mis mon nécessaire... ah! dans le bureau. (Elle se lève et va vers le bureau) (*). Tiens, étourdie que je suis, j'avais oublié la clé. (Elle ouvre le tiroir) Ah! mon Dieu, j'y songe à présent, dans ma précipitation j'ai laissé le journal ouvert, qui donc l'a refermé! (Appelant) Jeannette...

HENRI

Mademoiselle.

EVELINE

Depuis que vous êtes ici, vous n'auriez pas vu par hasard Mlle Roguet s'approcher de ce bureau, et... mettre la main sur cette clé.

HENRI

Non, Mademoiselle.

(*) Henri, Eveline.

EVELINE

(Bas) Je respire. (Haut) Et vous-même en faisant l'appartement, vous n'auriez pas touché par mégarde là... dans ce tiroir, à un cahier qui était ouvert?

HENRI

Tout vert... non, je n'en ai vu qu'un avec une couverture rouge.

EVELINE

C'est bien ce que je veux dire, le cahier était déployé.

HENRI

C'est vrai, je m'en suis aperçue et je l'ai refermé.

EVELINE

Sans le lire?

HENRI

Certainement, je ne sais pas lire ce qui est écrit.

EVELINE

Vous ne me trompez pas au moins; voyez-vous, Jeannette, le bon Dieu punit le mensonge, et encore plus la curiosité. (Elle remet la table à sa place) (*).

HENRI (à part)

Pas toujours...

EVELINE

Regardez-moi bien en face.

Air : Du démon de la nuit.

Fixez-moi bien ; je veux connaître
Ce qui se passe en votre cœur,
Lire en vos yeux ce qu'il peut être,
S'il est sincère, ou bien menteur.

(*) Eveline, Henri.

HENRI (il la regarde avec tendresse)

Lisez, lisez.

EVELINE (baissant les yeux)

Dieu, quelle flamme !

HENRI

Pourquoi tenir les yeux baissés,
Vous ne pourrez jamais assez
Connaître à fond toute mon âme.
Pourquoi tenir les yeux baissés !

EVELINE (elle le regarde de nouveau et le reconnaît)

Henri, c'est vous... vous ici... sous ce déguisement ?

HENRI

Oui, c'est moi, Eveline ; moi qui suis venu pour me jeter à vos pieds, et pour vous dire...

EVELINE (reculant)

Ne me dites rien... Je ne veux ni vous voir ni vous entendre ; il m'est défendu de songer à vous.

HENRI (s'emparant du journal)

Permettez-moi de croire sans trop de présomption que vous n'avez pas pris cette défense au pied de la lettre.

EVELINE

Ah ! vous avez été indiscret, et vous m'avez menti par-dessus le marché ; fi, que c'est vilain, rendez-moi ce cahier, Monsieur.

HENRI

Tout à l'heure, mais auparavant...

EVELINE

Je vous répète que je ne puis vous écouter ; je suis

pauvre ; on me le reprochait encore il y a une minute... au lieu que vous... vous venez de tripler votre fortune, en héritant de notre cousin commun... Je ne me plains pas... Cependant nous étions parents au même degré, et il connaissait la gêne de ma famille... Je vous le répète, je ne me plains pas... tant mieux pour vous, soyez millionnaire, et oubliez-moi, puisqu'il le faut.... allez, allez. (Pleurant) Je savais bien que j'étais née pour être malheureuse!

HENRI

Ne pleurez pas. Eveline, on vous a trompée, et vous vous trompez vous-même.

EVELINE

Comment, vous oserez me soutenir que vous n'avez pas hérité de notre cousin ?

HENRI

Non, non, non...

EVELINE

Mais alors, il n'a pas fait de testament.

HENRI

Au contraire, et je suis ici pour vous dire... vous m'écoutez...

EVELINE

Je le crois bien.

HENRI

Le lendemain de ce fatal combat de Castelfidardo, dès qu'il me fut possible de me lever, j'accourus au chevet de ce pauvre garçon, il me reconnut et me tendit la main. Henri, me dit-il. (Il essuie une larme) Vous permettez ?

EVELINE

Comment donc !

HENRI

Henri, j'ai pensé à toi, et il me mit sur une carte de visite l'adresse du notaire chez lequel il avait déposé son testament à son passage à Marseille... Je vous apporte l'expédition de cet acte. (Il sort de sa poche un pli qu'il remet à Eveline).

EVELINE

Que vois-je ! il me laisse toute sa fortune à moi, (baissant les yeux) à moi seule !

HENRI

Il connaissait notre amour... Avait-il eu tort de me dire : Henri, j'ai pensé à toi... ?

EVELINE

Noble cœur !

HENRI

Et maintenant Eveline...

EVELINE

Maintenant... maintenant je ne sais plus que vous dire, sinon que je suis heureuse... mais c'est égal, partez, vous ne pouvez rester dans cette maison. Oh! non, pas une minute de plus,

HENRI

Mais ne faut-il pas le consentement de celle qui, à présent, est plus riche que moi ?

EVELINE

Quelle ironie !... je vous écrirai... Dieu ! l'on vient partez, partez.

HENRI

Eveline.

EVELINE (apercevant Bertrand)

Silence.

SCENE IX

BERTRAND, EVELINE, HENRI

BERTRAND (avec deux bouteilles sous le bras)

Mille excuses, M¹¹ᵉ Eveline, je vous dérange peut-être, mais ces jeunes filles s'impatientent, elles disent comme cela que c'est l'heure du déjeuner et qu'après vous devez les mener en promenade jusqu'à ce soir.

EVELINE

Oui (à Henri avec intention) jusqu'à ce soir, elles ont raison, j'y cours; adieu Mademoiselle. (Bertrand repose les bouteilles sur la cheminée).

HENRI (bas)

Eveline.

EVELINE

Que je ne vous retrouve plus ici à mon retour.

HENRI

Comment, vous pourriez...

EVELINE

C'est la seule condition que je mets au consentement que vous me demandez, mais je le veux.

SCÈNE X

BERTRAND, HENRI

BERTRAND (s'avançant)

Je crois qu'elle a dit : je le veux ; diable, il paraît qu'en mon absence tu as bien avancé les affaires.

HENRI

Elle a raison, nous avons été un peu étourdis en nous introduisant ici ; il faut partir.

BERTRAND

Plaît-il !

HENRI

Oui, et à l'instant même ; filons, Bertrand.

BERTRAND

Ah çà, je te trouve plaisant : à présent que tu as ton compte, tu t'embarrasses fort peu de moi... parbleu, file si tu veux, mais je ne te suivrai pas.

(Air de Jean de Paris).

> Cette auberge est à mon gré,
> Puisque j'y suis, j'y resterai ;
> J'y suis, j'y suis, j'y resterai.

(Il dépose les bouteilles sur la cheminée).

Mais Bertrand, montre-toi donc raisonnable. — On cancane à Aix aussi bien qu'ailleurs, et si cette aventure venait à s'ébruiter, elle ferait tort à ce pensionnat. Puisque tu t'intéresses à M{^lle} Roguet, et surtout à son établissement...

BERTRAND

Oui, farceur que tu es, je m'intéresse à l'établissement de M{^lle} Roguet, et au mien par dessus le marché... et tu crois que je vais partir *presto subito* comme un coup de pistolet, et sans prévenir les gens; ah! ça, mais décidément tu ne sais pas vivre.

HENRI

Sérieusement...

BERTRAND

A moins que... au fait, il y a moyen de tout arranger, un dernier sacrifice à l'amitié; je brusque la déclaration, je me jette aux pieds de M{^lle} Roguet, et, si je réussis, je saute ensuite au cou de toutes ces petites filles; j'embrasse même la sous-maîtresse, avec ta permission bien entendu

HENRI

Je te la donne, mais dépêche-toi.

BERTRAND

Justement, j'entends farfouiller par ici; c'est, sans doute, ma future qui dirige ses quilles de ce côté.

HENRI

Moi, je me sauve dans la lingerie avec ces nippes. (Il emporte le paquet de linge.)

BERTRAND

Bien pensé, nous serons plus à notre aise.

SCÈNE XI

BERTRAND (seul)

Elle ne vient pas... me serai-je trompé! que faire; mais, j'y pense, elle m'avait dit d'aller la retrouver. (Il reprend ses deux bouteilles.) Allons, me voilà destiné à me promener toute la journée avec ces deux bouteilles sous le bras... Imbécile que je suis, il ne m'en faut qu'une. (Il dépose une de ses deux bouteilles sur la cheminée.) Celle-ci. (Changeant) Non, l'autre; ne nous trompons pas comme tout à l'heure. (Au public) J'avais commencé à verser de cette drogue dans le pudding; heureusement, je m'en suis aperçu à temps, et j'y ai ajouté tant de rhum, que personne ne s'en sera douté aussi. (Reprenant la bouteille de rhum qu'il regarde au jour.) On commence à voir le jour par ici. (Il regarde amoureusement la bouteille.) Hum! (La déposant) Allons, en avant, par le flanc gauche, marche. (S'approchant de la porte à droite, il s'arrête). C'est singulier. (Mettant la main sur le cœur.) Je sens quelque chose là... ah! bah... c'est égal, si je me donnais un peu du courage. (Il élève la bouteille.) Pas avec ça, je finirai par faire quelque bêtise (Il remonte vers la cheminée et change de bouteille.) Pas de verre... Oh! ma foi, à la guerre comme à la guerre. (Il boit à la rigolade.) C'est du velours, récidivons. (Il boit.) Cette fois, je sens le courage qui passe et qui se dirige vers le cœur, rérécidivons. (Entendant Mlle Roguet) La bourgeoise, ah diable! (Il change de nouveau de bouteille.)

SCÈNE XII

BERTRAND, Mlle ROGUET

Mlle ROGUET

Vous n'êtes pas à la cuisine, Julienne...

BERTRAND

Non, mademoiselle, vous le voyez. (Faisant le geste de trotter.) Je me disposais...

Mlle ROGUET

C'est inutile, au moins pour le moment, je ne souffre plus. Nous avons, d'ailleurs, à nous occuper de choses plus pressantes, il faut songer au diner.

BERTRAND

C'est juste.

Mlle ROGUET

Que nous donnez-vous pour potage ?

BERTRAND

Pour potage. (réfléchissant) Aimez-vous le couscoussou ? Je connais trente-trois manières de l'accommoder.

Mlle ROGUET

Je ne suis pas pour les innovations ; si vous tenez à nous servir quelque chose d'oriental, faites-nous plutôt un tapioca.

BERTRAND

Plaît-il ! un tapioca.... ah ! oui, je sais ce que c'est ; combien comptez-vous d'élèves ?

Mlle ROGUET

Quinze en tout.

BERTRAND

Pas davantage... elles paient par an de pension...

Mlle ROGUET

1,200 francs.... Mais quel rapport peuvent avoir avec votre potage le chiffre de la pension et le nombre de mes élèves ?

BERTRAND

C'est pour calculer la quantité de sel à y mettre.... Dame, on sait compter quand on a été la femme d'un zouave.

Mlle ROGUET

Vous ne devez pas avoir été heureuse.... ce sont d'assez mauvais drôles que les zouaves.

BERTRAND

Voilà comment on fait les réputations! en ménage c'est la crème des maris... Tenez, Mademoiselle, si j'ai un conseil à vous donner, c'est de ne jamais épouser personne....

Mlle ROGUET

C'est bien mon idée.

BERTRAND

Laissez-moi dire... personne autre qu'un zouave. Ah ! si j'étais seulement pendant dix minutes une femme comme je suis... c'est-à-dire... (A part) Je crois que je m'embrouille.

Mlle ROGUET

Quittez ce genre de conversation, s'il vous plaît.

BERTRAND

Comme vous voudrez! Que disions-nous au sujet des entrées ? Que penseriez-vous d'un civet ?

Mlle ROGUET

Un civet de lapin.

BERTRAND

C'est selon... jamais de ma vie je n'ai su faire un civet de lapin autrement qu'avec... et justement j'ai eu tout à l'heure la visite à la cuisine d'un angora bien gras... bien fourni. (A part) La belle casquette que cela ferait. (Haut) Du coup vous auriez un manchon.

Mlle ROGUET

Quelle horreur !

BERTRAND

Vous êtes comme moi... vous avez le cœur faible à l'endroit des bêtes... c'était la même chose au régiment... allons, je respecte vos scrupules... pour vous que ne ferai-je pas ! (Il minaude).

Mlle ROGUET

Cette cuisinière a une drôle de manière de regarder les gens.

BERTRAND (poussant un grand soupir)

Ah !...

Mlle ROGUET

Vous soupirez bien... songeriez-vous à votre défunt en ce moment ?

BERTRAND

Ne plaisantons pas... c'est à vous seule que je pense... Ah !...

Mme ROGUET

Par, exemple !

BERTRAND

A peine arrivée ici, je me suis dit en vous voyant... sacrebleu.

Mme ROGUET

Julienne...

BERTRAND

Voilà une femme superbe... un véritable salmis de tout ce que la nature, l'art et la science peuvent fricasser de plus accompli.

Mme ROGUET (flattée)

Ah ! ah ! Julienne...

BERTRAND

Un port de reine... de plus une maison bien tenue, une voix qui va à l'âme... avec un débit de tabac.

Mme ROGUET

Ah ! vous savez.

BERTRAND

Que vous devez bien affermer par an 2,000 francs.

Mme ROGUET

Non, 1,800 francs.

BERTRAND

Sans compter les économies... vous avez certainement des chemins de fer en actions ?

Mme ROGUET

Non, en obligations... c'est plus solide.

BERTRAND

(A part) Malapeste. (Haut) Eh bien, avec tout cela cette femme ne doit pas être heureuse.

M¹¹ᵉ ROGUET

Hélas...

BERTRAND

Voyez-vous... et cela se comprend. Mon Dieu, une femme seule, la liberté... l'indépendance, c'est charmant... mais peu à peu il se forme autour de vous un creux, ah oui, un grand creux. Aussi que diable ! pourquoi ne vous êtes-vous pas mariée en sortant de Saint-Denys ?

M¹¹ᵉ ROGUET

J'ai eu tort... il se présentait un parti convenable, mais j'ai refusé ; c'était un bourgeois.

Vaudeville des Deux Matinées (1837)

D'épouser un militaire
Mon cœur avait fait serment.
C'était mal.

BERTRAND

Tout au contraire :
C'est un sage engagement.

M¹¹ᵉ ROGUET

L'uniforme plaît aux dames.

BERTRAND

Parbleu, ce n'est pas un tort.
Il est juste, faibles femmes,
Que vous aimiez sans effort
Le sexe vaillant et fort.

ENSEMBLE

D'épouser un militaire,
Mon } cœur avait fait serment.
Son
Loin d'être un vœu téméraire,
C'est un sage engagement.

BERTRAND

Aussi, je parie bien que si, à présent, il s'offrait à vous un militaire, là, franc, rond et loyal, qui sût planter des choux... ratisser des carottes et tenir les écritures, lors même que ce serait un zouave, eh bien! eh bien!...

Mlle ROGUET

Julienne... nous n'avons rien dit du plat de douceurs?

BERTRAND (à part)

La botte a porté.

SCÈNE III

LES PRÉCÉDENTS, EVELINE

EVELINE! (éperdue) (*)

Mademoiselle... mademoiselle... si vous saviez ce qui vient de nous arriver!

Mlle ROGUET

Eh bien quoi?

(*) Bertrand, Mlle Roguet, Eveline.

EVELINE
Les pauvres enfants, ah! mon Dieu! ah! mon Dieu!

M⁰⁰ ROGUET
Vous m'effrayez, expliquez-vous donc!

EVELINE
Je les conduisais à la promenade; nous venions à peine de dépasser la grille du jardin, voilà la petite Louison qui se met la main sur le ventre en faisant la grimace, je la fais rentrer immédiatement; deux pas plus loin, Rénette en fait autant, et puis une autre; enfin je les ai toutes ramenées, elles sont là-bas à pleurer et à se tordre dans d'affreuses coliques.

BERTRAND (à part)
Aïe... aïe... çà commence à se gâter.

EVELINE
Plus de doute! elles sont empoisonnées. Quel malheur! Sainte Vierge, quel malheur!

M⁰⁰ ROGUET
Ne perdez donc pas la tête comme çà, je suis sûre de mes casseroles... je cherche à m'expliquer ce qui peut leur avoir fait mal; j'y suis, on vous aura vendu du rhum frelaté.

BERTRAND
Oh, pour cela non... je suis sûr du contraire..., c'est du 1ᵉʳ numéro...

M⁰⁰ ROGUET
Comment le savez-vous?

BERTRAND
Tiens, je l'ai senti, je l'ai même goûté, légèrement, il est vrai.

SCÈNE XIV ET DERNIÈRE

Les précédents, HENRI

HENRI (*)

Encore un tour de ta façon, tu t'es donc chargé de purger toutes ces petites filles ?

BERTRAND

Moi !

HENRI

Sans doute... tiens, vois si j'ai deviné juste. (Prenant la bouteille d'opodeldoch) La bouteille est entamée, tu as fourré de l'opodeldoch dans le pudding.

EVELINE

Là... je l'avais bien dit ; mais c'est du poison que cette affreuse drogue.

HENRI

Misérable Bertrand, tu as empoisonné Eveline.

EVELINE (**)

Ne craignez rien, Monsieur Henri, je n'ai pas même goûté au pudding.

Mlle ROGUET (furieuse)

Henri ! Bertrand ! Qu'est-ce que cela veut dire ? (A Eveline) tu as introduit des hommes dans ma maison, petite effrontée ?

(*) Henri, Bertrand, Mlle Roguet, Eveline.
(**) Henri, Bertrand, Eveline, Mlle Roguet.

EVELINE

Eh! mon Dieu, Mademoiselle, occupez-vous donc des enfants au lieu de vous amuser à me débiter des injures qui n'ont ni queue ni tête.

Mlle ROGUET

Et je m'embarrasse bien de ces morveuses. Elles feront comme moi ; pareille méprise m'est arrivée il y a six semaines, et j'en ai été quitte pour quelques tasses de thé ; mais l'honneur de mon pensionnat, qui pourra me le rendre ! des hommes ici chez moi, des hommes métamorphosés en femmes, ah ! juste ciel !

BERTRAND (*)

Voulez-vous bien nous écouter, Mademoiselle?

Mlle ROGUET (reculant)

Vade retro Satanas...

BERTRAND

Ah ! si vous parlez grec, c'est différent.

HENRI (**)

Calmez-vous, Mademoiselle ; le motif de notre visite n'a rien que d'honorable, Mlle Eveline est ma cousine et ma fiancée.

Mlle ROGUET

Elle, allons donc... Plût au ciel qu'elle eût un sou vaillant, comme je me ferai allouer des dommages-intérêts.

BERTRAND (avec admiration)

Voilà une maîtresse femme !

(*) Henri, Eveline, Bertrand, Mlle Roguet.
(**) Eveline, Bertrand, Henri, Mlle Roguet.

HENRI

D'ici à huit jours, je l'épouse, je vous le jure, j'ai sa promesse (*).

Mlle ROGUET

Mais les grands parents, Monsieur, les grands parents !

HENRI

L'héritière de mon cousin est sûre de leur consentement.

Mlle ROGUET (ébahie)

Eveline serait l'héritière du zouave son cousin !

EVELINE (**)

Mais pourquoi pas... si vous en doutez encore... (Lui remettant le testament). Tenez lisez. (Pendant que Mlle Roguet le parcourt) (***) A combien évaluez-vous le dommage causé ?

Mlle ROGUET (radoucie)

Ne persiflez pas. (Rendant le testament) Si l'on vient à savoir ce qui s'est passé ici, c'en est fait de mon pensionnat. (On sonne).

HENRI

On ne le saura pas. Entendez-vous sonner ? ce sont vos nouvelles domestiques qui viennent nous réclamer leurs papiers et leurs robes de dimanche, allons Bertrand...

BERTRAND (****)

Un moment. (A Mlle Roguet) Du reste, Mademoiselle, vous n'avez pas à vous plaindre, s'il y a des pots cassés on les

(*) Bertrand, Eveline, Henri, Mlle Roguet.
(**) Bertrand, Henri, Eveline, Mlle Roguet.
(***) Bertrand, Henri, Mlle Roguet, Eveline.
(****) Henri, Bertrand, Mlle Roguet, Eveline.

paiera ou on les raccommodera... Vous avez affaire à des gens d'honneur, à des militaires. Moi d'abord, Noël Bertrand, un zouave, qui vous rapporte des chapelets. D'ailleurs une bonne tenue... un âge convenable, une comptabilité sans reproche... et quelle main ! je la mets à votre disposition pour les écritures, j'oserai même la déposer à vos pieds, si ce n'était l'inégalité pécuniaire et choquante de ma position sociale.

HENRI

Ose, Bertrand, ose, cette inégalité n'existera pas longtemps ; je me charge de combler la différence.

EVELINE

Pour une moitié et moi pour l'autre.

BERTRAND (étonné)

Oh mais ! oh mais !... ma foi tant pis, je me laisse faire. (A Mlle Roguet) Pour lors, Mademoiselle, les choses étant ainsi et non autrement, si nous reprenions la conversation de tout à l'heure.

Mlle ROGUET (avec pruderie)

Nous verrons... Monsieur... ceci demande réflexion.

EVELINE

Pendant huit jours ; au bout de ce temps l'institutrice suivra l'exemple de la sous-maîtresse. (On sonne.)

HENRI

Encore ! décidément nos successeurs s'impatientent. Filons, Bertrand.

BERTRAND

Tu es toujours pour filer, toi ; un moment ! nous avons des adieux à faire. (Au public vers lequel il s'avance)

Air des Amazones

Ce soir ici, beaux Messieurs, belles Dames,
Pour vos plaisirs nous faisons force apprêts ;
Quand nos acteurs se transforment en femmes
C'est à coup sûr un immense progrès ;
Et cependant à ce moment critique
L'Opodeldoch nous reste sur le cœur.
Si vous voulez qu'il passe sans colique,
Applaudissez (et la troupe et l'auteur. *ter*)

TOUS

Si vous voulez qu'il passe sans colique,
Applaudissez (et la troupe et l'auteur. *ter*)

UNE
MATINÉE A HYÈRES

PERSONNAGES

LE DOCTEUR.
MARGUERITE, Fille du Docteur.
FIRMIN.
Un Domestique.

La scène se passe à Hyères.

Une serre. — Porte au fond. — A gauche du spectateur, petite porte communiquant avec l'intérieur; à droite, vitrage ouvert sur un jardin, laissant passer un rayon de soleil. — De ce côté, au premier plan, un banc rustique; de l'autre, une petite table et tout ce qu'il faut pour écrire. — Journal sur la table. — Sièges rustiques.

UNE
MATINÉE A HYÈRES

PROVERBE

SCÈNE PREMIÈRE

FIRMIN, MARGUERITE

MARGUERITE
(Elle est assise sur le banc; à côté d'elle quelques tiges de fleurs)
Nous disons le café....
(Effeuillant une fleur)
Je l'aime, un peu, beaucoup;
(Se retournant vers Firmin qui est accoudé derrière le banc)
Beaucoup.... *modérément, tendrement, pas du tout.*

FIRMIN
Ainsi vous effeuillez ces pauvres pâquerettes,
Pour en étudier les réponses secrètes!
C'est bien mal; car ces fleurs, que vous faites mourir,
Ont, comme vous, une âme et des sens pour souffrir.

MARGUERITE
Que je vous plains, Monsieur, de savoir tant de choses!
Pour moi, je n'entends rien à l'âme de vos roses;

Au modeste couvent où j'étais l'an passé,
On ne nous parlait point de ce thème insensé,
Et comme, depuis lors, j'ai négligé de suivre
Ces cours, où l'on devient plus savante qu'un livre,
Sans crainte ni remords je poursuivrai mon jeu.
C'est toujours le café. Voyons.... *Je l'aime, un peu,
Beaucoup, modérément, tendrement....*
(Jetant la fleur)

Fleur menteuse !
Pas du tout!... Il est vrai que je suis très nerveuse ;
Le café me fait mal ; mais je l'aime beaucoup.

FIRMIN

Au fait, puisque ce jeu paraît de votre goût,
  (Il s'assied près d'elle et prend une fleur qu'il effeuille)
Je veux en essayer à mon tour.... Je vous aime.

MARGUERITE

Continuez ; *un peu*.

FIRMIN

Non ; d'un amour extrême,
Et ce serait mentir que d'ajouter *un peu*.

MARGUERITE

Mais, Monsieur, vous trichez !.... ce n'est pas là le jeu.

FIRMIN (d'un air égaré)

Je triche....

MARGUERITE (au public)

Ah ! juste ciel ! il tombe en rêverie....
Est-ce ma faute, hélas, si *peu* le contrarie !

FIRMIN

Je triche !....

MARGUERITE

Il est perdu s'il se met à marcher.

FIRMIN (se promenant avec agitation)

Après tout, quand on aime, il est bon de tricher.

MARGUERITE

Ceci n'est pas moral.

FIRMIN (toujours égaré)

On est pauvre.... on est riche....
A défaut de l'amour, la fortune vous triche.

MARGUERITE

Bon ! le voilà parti.

FIRMIN (devant le rayon de soleil)

Quel bonheur sans pareil !
Enfin j'ai retrouvé mon rayon de soleil.
Voyez-vous circuler ces millions d'atomes ?
De ceux que nous pleurons, sont-ce pas les fantômes ?
De leur monde d'en haut, Dieu les a rappelés ;
Venez, interrogeons ces pauvres exilés.

MARGUERITE

Vous vous moquez, Monsieur, je ne suis point spirite.

FIRMIN

N'importe, venez donc, charmante Marguerite.
Ce rayon de soleil nous arrive des cieux ;
Sachons le remonter d'un vol audacieux,
Et que Dante aujourd'hui, guidant sa conductrice,
Dans les champs étoilés entraîne Béatrice.

MARGUERITE

Si vous voulez, Monsieur, m'emmener aussi loin,
De prévenir mon père, il faudrait avoir soin.

FIRMIN

Sais-tu qu'en secouant nos cheveux et nos ailes
Nous en ferons jaillir des torrents d'étincelles ?
Sais-tu que la lumière, en ce monde enchanté,
Est un manteau de roi qui pare la beauté ?

MARGUERITE

Tant pis, j'aimerais mieux une robe de soie ;
D'ailleurs il me déplait, Monsieur, qu'on me tutoie.
    (Moment de silence, Firmin est plongé dans une rêverie profonde)
      (Au public)
Je voudrais cependant le rappeler à lui.
J'en connais le moyen, mais je n'ose aujourd'hui
Après ce qu'il m'a dit tantôt.... Prenons courage....
      (Se rapprochant)
Me voilà décidée à faire le voyage.
                                    (Tendrement)
Je suis prête.... partons !.... Monsieur Firmin !... Firmin !
Il ne me répond pas.... lui prendrai-je la main ?
                                        (Elle le fait)

FIRMIN

Où suis-je ?.... Qui m'appelle, et quelle est cette étreinte ?
Marguerite !....

    MARGUERITE (cherchant à retirer sa main)

Monsieur !

    FIRMIN (la retenant)

              N'ayez aucune crainte.
Pourquoi vous éloigner quand je suis près de vous ?
Est-ce pour abréger un moment aussi doux ?
Mais vous seule pouvez, complaisante ou barbare,
Ramener ou bannir ma raison qui s'égare.

MARGUERITE

Monsieur !

FIRMIN

.Que cette voix charme par sa douceur!
Ah! dites, dites-moi que vous êtes ma sœur.

MARGUERITE (souriant)

Oui, sœur de charité.

FIRMIN

Pour calmer la souffrance,
La charité demande encor la complaisance.
Vous voyez, je suis seul, ceux que j'aime sont loin;
Mon cœur de s'épancher éprouve le besoin.
Je n'eus jamais de sœur, vous n'avez point de frère,
Soyons pour un instant enfants du même père.
Et que la sœur au frère, octroyant sa pitié,
Mêle un peu de tendresse à leur chaste amitié.

MARGUERITE

Monsieur, rien n'est si beau que d'être charitable,
Mais nous devons ici jouer cartes sur table,
Et l'amour fraternel que vous mettez en jeu

(Hésitant)

Ne peut-être entre nous que trop... ou bien... trop peu.

FIRMIN

Et de ces deux excès, lequel peut vous déplaire?

MARGUERITE

Il est des sentiments que l'on doit savoir taire :
A vous de deviner ce que l'on ne dit pas,
(Au public)
Ce qu'on n'ose à soi-même avouer que bien bas.

FIRMIN

Comme vous vous piquez d'une entière franchise,
Je ne devine point et j'attends qu'on le dise.

MARGUERITE

Ah! de grâce, Monsieur !

FIRMIN (se rapprochant)

De grâce !

MARGUERITE (le repoussant)

Eloignez-vous.

Mon père....

SCÈNE II

MARGUERITE, FIRMIN, LE DOCTEUR

LE DOCTEUR (arrivant par la petite porte)
(A Firmin)
Cher Monsieur, comment nous portons-nous
(En tâtant le pouls)
Ce matin ? L'œil est vif et le pouls bat bien vite.

FIRMIN

Docteur, serait-ce pas la fièvre qui l'agite ?

LE DOCTEUR

Non, mais vous subissez l'influence du temps ;
Ce désordre du pouls est signe du printemps.
Les poètes menteurs, avec peu de sagesse,
Font du printemps l'intime ami de la jeunesse.
Les poètes, vraiment, ont la tête à l'envers !
Le printemps n'a d'amis que la bile et les vers.

Notre art, mieux avisé, craint son ardeur précoce.
 (A sa fille)
J'ai tout laissé chez moi dans un désordre atroce;
Marguerite, veux-tu passer au cabinet?
Tu fermeras mon livre, en marquant le signet,
Et tu le remettras à la place d'usage.
Que Marthe, de Monsieur prépare le potage.
Toi, tu m'apporteras mon café. Qu'il soit chaud;
Pas aussi fort qu'hier, mais brûlé comme il faut.

MARGUERITE

Ne puis-je en mettre à part un bon tiers pour moi-même?

LE DOCTEUR

Tu le crains, mon enfant.

MARGUERITE (regardant Firmin)

   On craint ce que l'on aime.

SCÈNE III

LE DOCTEUR, FIRMIN

LE DOCTEUR (à part, en allant à gauche devant la petite table)

A nous deux, maintenant; ce ne sera pas long.
 (A Firmin)
Monsieur, connaissez-vous le chemin de Toulon?

FIRMIN

Parfaitement, Monsieur...

LE DOCTEUR (écrivant par intervalle, et tout en parlant)

      Presque aux abords d'Hyères,
Avez-vous remarqué plusieurs villas princières ?
Une entr'autres s'élève en guise de château....
L'aspect est imposant.... le site paraît beau,
Et la façade peinte avec des arabesques,
Porte *Hydrothérapie* en lettres gigantesques.
Le docteur qui régit cet établissement
Est fort de mes amis.... C'est un homme charmant....
Pour lui je vous griffonne ici-même une lettre,
Que ce matin encore vous pourrez lui remettre.

    FIRMIN

A quoi bon, s'il vous plaît ?

  LE DOCTEUR (pliant la lettre et mettant l'adresse)

      Ma consultation
Parle de votre état avec discrétion.
Mais, d'après mon avis, il doit, ne vous déplaise,
Débuter avec vous par la douche écossaise,
Et pour suivre avec fruit ce nouveau traitement,
Il vous faudra loger dans l'établissement.

    FIRMIN

Dois-je aussi me jeter aux pieds de votre Altesse,
Pour la remercier de tant de politesse ?

    LE DOCTEUR
 (se levant brusquement et laissant la lettre sur la table)

Si je suis peu poli, je le fais à dessein ;
C'est le père qui parle et non le médecin.
Certes, je vous admire! On est fils d'un notaire
Exerçant à Paris.... presque millionnaire....
On aima le plaisir; la santé fait défaut,
On vient la rétablir sous un climat plus chaud.

La fille du docteur est accorte et gentille....
Qu'importe qu'elle soit d'une honnête famille,
Où Plutus et Mammon qui comptent tant d'amis,
Dans les dieux familiers ne furent point admis!
Tentons cette aventure, enjôlons la fillette;
Et plus discrètement, pour lui conter fleurette,
Usant d'un stratagème adroit, mais peu nouveau,
Nous feindrons que le sens fuit de notre cerveau.
Ceci nous vint d'avoir trop fait tourner les tables;
Des frères Davenport nous connaissons les fables;
Et comme eux, visités par des esprits frappeurs,
Nous nous disons en proie à leurs folles vapeurs;
Platon nous honora de sa correspondance
Et sa haute raison a mis la nôtre en danse.
Mais pour nous ramener au droit et bon chemin,
Que faut-il? le contact d'une innocente main,
Quand de ce monde étroit, dédaignant les surfaces,
Notre esprit voyageur se perd dans les espaces.
Oh! la bonne folie! et qu'elle aura son prix,
Quand nous pourrons, l'été, de retour à Paris,
Sur la fin d'un souper décoré de ribaudes,
De cet amour naïf faire des gorges chaudes.

FIRMIN

Je suis calme, Monsieur, et vous devez bien voir
Que vos méchants soupçons ne sauraient m'émouvoir.
Non que j'aime à braver l'autorité d'un père;
Sa tendresse à mes yeux excuse sa colère;
Mais on peut tenir tête à ce père irrité,
Quand on est comme moi fort de sa loyauté.
Est-ce un crime d'aimer votre fille?.... Je l'aime;
Je dirai même plus : grâce à mon stratagème,
Par des maux peu réels excitant sa pitié,
Peut-être ai-je à mon tour conquis son amitié.

Mais son peu de fortune ou ma trop grande aisance
Ont-ils, entre nous deux, créé telle distance,
Qu'il nous soit interdit d'écouter notre cœur
Et d'achever ensemble un rêve de bonheur ?
Ce rêve a commencé sous vos yeux. Oui, naguères
Gravissant tous les trois les collines d'Hyères,
Nous avons rencontré sous nos pas un château
Flanqué de quatre tours et de fossés sans eau.
Il plut à votre fille ; elle s'éprit bien vite
De la grandeur du style et des charmes du site ;
Et moi, naïvement, mais non pas sans plaisir,
J'attisai de mon mieux le feu de ce désir.
Que de plans ont jailli par cette rêverie !
Nous avons tout d'abord changé la galerie ; .
De la salle à manger refait tous les panneaux ;
Au grenier, du salon relégué les tableaux,
Et, sans aucun respect pour les nids d'hirondelles,
Installé des boudoirs dans les quatre tourelles.
Le bien était à vendre, et me piquant au jeu,
J'ai fini par gager que je l'aurais sous peu.
J'ai tenu mon pari. Digne fils d'un notaire,
A quatre jours de là j'ai bâclé cette affaire.
L'acte est prêt ; pour signer je n'attends plus qu'un mot.
Donnez-moi votre fille et comptez-moi sa dot.

LE DOCTEUR

C'est par trop abuser de la plaisanterie.
(Lui donnant la lettre)
Prenez ceci, Monsieur.

FIRMIN

        Du calme, je vous prie.
(Prenant la lettre)
Ceci c'est un papier m'expulsant de ces lieux ;
Je vous dois à mon tour de semblables adieux.

(Tirant un papier de sa poche)
Monsieur, prenez *cela.*

LE DOCTEUR

Quoi donc ! qui peut m'écrire ?

FIRMIN

Cela se décachète et *cela* peut se lire.
Cela, c'est un billet du notaire Firmin,
Authentique, olographe et signé de sa main.

LE DOCTEUR

De votre père ?

FIRMIN

Avec une copie exacte
D'un testament public dont il a passé l'acte.

LE DOCTEUR (parcourant)

Mais c'est le testament de Paul... de mon neveu !

FIRMIN

De mon intime ami. Vous le connaissiez peu ;
Il était cependant le fils de votre frère.
Mais vous fûtes toujours brouillés vous et son père.
Vous a-t-on dit sa mort ?

LE DOCTEUR

Nul ne m'en a fait part.
Cet hiver je l'appris par le plus grand hasard,
Sans qu'on pût m'informer d'une façon aucune
Quel héritier avait recueilli sa fortune.
J'étais loin de m'attendre !.... et le saisissement ...

FIRMIN

Il va se trouver mal. Un docteur !.... c'est charmant....

SCÈNE IV

LE DOCTEUR, MARGUERITE, FIRMIN

MARGUERITE (entrant par le fond)
(Elle porte deux tasses de café et un sucrier sur un plateau)

Père, votre café.... prenez-le donc bien vite ;
Il va se refroidir.

LE DOCTEUR

Non, merci, Marguerite,
Merci ; dans ce moment je ne me sens pas bien.

MARGUERITE

C'est vrai.... vous êtes pâle.

LE DOCTEUR

Oh ! ce ne sera rien....
Un peu d'émotion en lisant une lettre.
(S'approchant de la porte vitrée)
Il me faut seulement de l'air pour me remettre.

MARGUERITE

Me direz-vous au moins, ce qui....

LE DOCTEUR

Tu le sauras....
Mais plus tard.

FIRMIN (à Marguerite)

Ce plateau vous fatigue le bras.

MARGUERITE

Ah ! Monsieur.

FIRMIN (prenant le plateau)

Permettez que l'on vous débarrasse.

(Il le pose sur la petite table et en enlève un journal qu'il place sur un siége).

Je vois que vous aviez apporté votre tasse ;
Sans vouloir d'une goutte amoindrir votre part,
Ne pourrait-on, mettant à profit le hasard,
Et comme rien ne doit se perdre en un ménage,
Obtenir avec vous la faveur d'un partage ?
Votre père y consent....

MARGUERITE

C'est vrai, père?

LE DOCTEUR

Oui.

FIRMIN

Tous deux,
Là, nous déjeunerons comme des amoureux.

MARGUERITE (s'asseyant)

Je crois qu'en ce moment....

(Signe qui achève sa pensée).

FIRMIN (s'asseyant sur le journal)

Ah ! vous pouvez tout croire.
Je sucrerai tandis que vous versez à boire.

MARGUERITE (au Docteur)

Père, êtes-vous remis ?

LE DOCTEUR

L'air a chassé le mal.

(S'approchant de Firmin)
Seriez-vous pas, Monsieur, assis sur mon journal?

FIRMIN (se relevant)

C'est juste.

LE DOCTEUR (à part)

Veillons-les d'une façon discrète ;
Mais.... laissons-les entre eux s'expliquer tête-à-tête.

FIRMIN (après un moment de silence)

Encor que je ne sois ni gourmet ni gourmand,
Je tiens qu'on doit humer son café lentement.
Est-on seul à le prendre.... on se carre en sa chaise ;
Si l'on est deux, l'on peut jaser tout à son aise.
   (A Marguerite)
Vous ne m'écoutez pas.... je vous parais bavard ?

MARGUERITE

Non, mais je réfléchis.

FIRMIN

Ah ! que n'ai-je donc l'art,
Quand vous réfléchissez, de savoir vous distraire.

MARGUERITE

Monsieur, pour écouter, il faut d'abord se taire.

FIRMIN

Soit ! vous m'encouragez au point que, bien ou mal,
Je vais vous régaler d'un conte oriental :
Il était autrefois, dans un coin de la Perse,
Un docteur dont le frère exerçait le commerce ;
C'était le frère aîné qu'on nommait Ibrahim....

MARGUERITE

Et le nom du docteur ?

FIRMIN

Il s'appelait Sélim.

Sélim avait laissé dans les mains de son frère
Tous les sequins jadis entassés par leur père.
Or, un jour Ibrahim partit, n'ayant plus rien,
Et léguant au docteur son bilan pour tout bien.

   LE DOCTEUR (interrompant la lecture de son journal)

Savez-vous que ce conte a tout l'air d'une histoire.

     FIRMIN

Libre à vous de le dire et même de le croire.

     MARGUERITE

Mais vous n'avez pas dit qu'elle était la cité,
Théâtre du récit par vous si bien conté?

     FIRMIN

En effet : c'est un port sur le golfe Persique
Qui, dans les temps anciens, fut une république.
Des Grecs l'avaient creusé, des Phocéens, je crois.
Son nom me reviendra, sans doute, une autre fois.
  (Au Docteur)
Je reprends ce récit que vous traitez d'histoire :
Ibrahim s'établit aux bords de la Mer Noire,
Dans une ville russe appelée Odessa;
Il sut mettre à profit le temps qu'il y passa,
En faisant un commerce heureux avec l'Autriche.
Pauvre il était venu, mais il mourut très riche.
Il laissait un seul fils.

     MARGUERITE

  Que vous nommez?

     FIRMIN
         Hassan.
Jaloux d'étudier à fond le droit persan,
Mais n'osant se montrer dans sa ville natale,
Hassan, pour s'y fixer, vint dans la capitale.

Là, tout en apprenant le Coran et les lois,
D'un ami véritable il sut faire le choix :
Qu'un ami véritable est une douce chose ! (1)
Un poète persan le compare à la rose.

MARGUERITE

Cet ami véritable avait nom....

FIRMIN

Sâadi ;
C'était l'unique enfant d'un honnête Cadi.

MARGUERITE

D'un Cadi ?

FIRMIN

D'un Cadi.

MARGUERITE

Je commence à comprendre.
Continuez, Monsieur, on aime à vous entendre.

FIRMIN

Hassan, morne et rêveur au sein de ses trésors,
Parfois à Sâadi confiait ses remords.
— « Ami, lui disait-il, je vis dans l'abondance
« A l'âge où, pour atteindre une modeste aisance,
« Sélim se débattait avec la pauvreté ;
« Et mon père envers lui ne s'est point acquitté !
« Et sa part, dérobée au trésor de famille,
« Doterait aujourd'hui Fatmé. »

MARGUERITE

Fatmé !

FIRMIN

Sa fille.

(1) La Fontaine.

« Eh bien ! le ciel m'inspire; inconnu de Fatmé,
« Je veux la voir un jour, l'aimer, en être aimé ;
« Déposer à ses pieds mon entière richesse,
« Et perdre mes remords en gagnant sa tendresse. »

MARGUERITE

Que ne l'a-t-il donc fait !

FIRMIN

Comment ! que dites-vous ?

MARGUERITE (avec animation)

Fatmé l'aurait sans doute accepté pour époux.
A quoi bon me tromper et feindre davantage :
Serait-ce point Hassan qui me tient ce langage ?

FIRMIN

Non, ce n'est pas ainsi que l'a réglé le sort :
Je ne suis pas Hassan, hélas ! Hassan est mort.
Mais Sâadi reçut sa volonté dernière,
Et Sélim aujourd'hui la connaît tout entière.

(Au Docteur).

Donnez-moi son écrit.

(Il lit).

« A mon dernier moment,
Sain d'esprit non de corps, je fais mon testament.
Je veux qu'à part égale, opérant leur partage,
Mon oncle et Marguerite aient tout mon héritage,
Réservant toutefois, chacun sur leur demi,
Cinquante mille francs pour Firmin mon ami.
Puisse Firmin, faisant ce que je n'ai pu faire,
A ma jeune cousine avoir le don de plaire !
Si, comme époux, par elle il était accepté,
Son legs deviendra nul ; telle est ma volonté.
Signé : Paul »…. Maintenant que Fatmé se prononce,
Sâadi son esclave, attendra sa réponse.

MARGUERITE

Pour répondre, Fatmé demande à réfléchir.

FIRMIN

Comment donc !

MARGUERITE

Son refus devra vous enrichir.
Et j'aime mieux cela qu'être garde-malade
Pour toujours d'un époux dont la raison s'évade.

FIRMIN

Je ne vous croyais pas tant de méchanceté ;
Car vous n'ignorez plus toute la vérité.
C'est la voix d'un mourant qui m'a fait, pour vous plaire,
Feindre pendant un mois un mal imaginaire.
Quoi, malade, tantôt vous vouliez me guérir,
Et maintenant guéri, vous me feriez mourir !

MARGUERITE

Oui, je hais le mensonge et la supercherie ;
Soyez puni, Monsieur, de votre tromperie.

SCÈNE V ET DERNIÈRE

Les précédents, UN DOMESTIQUE (entrant par le fond)

LE DOMESTIQUE (au Docteur)

Monsieur, un étranger vous attend au salon ;
Il arrive à l'instant par le train de Toulon.
Pour vous voir, il a mis une cravate blanche,
Des gants de beurre frais et l'habit du dimanche.

Ah!... sa carte.... (il la remet au Docteur)

LE DOCTEUR (lisant)

Firmin....

FIRMIN (vivement)

Bien !

LE DOCTEUR (continuant à lire)

Notaire à Paris.

(A Firmin).
Votre père, Monsieur ?

FIRMIN

N'en soyez pas surpris :
C'est le Cadi qui vient vous faire sa demande.

LE DOMESTIQUE

Que répondre, Monsieur ?

LE DOCTEUR

Réponds lui.... qu'il attende....
Ou plutôt sans façon qu'il nous rejoigne ici.

FIRMIN (à Marguerite)

Me tiendrez-vous rigueur, Marguerite ?
(Moment d'hésitation ; Marguerite tend sa main que Firmin baise)

Merci.
Ai-je eu tort ou raison de vous tromper ? En somme,
Le proverbe dit vrai :

(Au public)

Tout chemin mène à Rome.

CHEZ PASTEUR

PERSONNAGES

RAOUL.
NELLY, sa femme.
BERNARD, ami de Raoul.
BOB, garçon d'auberge.

La scène est à Avignon dans un petit hôtel voisin de la gare.

Salle à manger — Table servie pour trois personnes — De chaque côté, tables et chaises — Porte d'entrée au fond — Petite porte à droite.
Indications prises de la gauche du spectateur.

CHEZ PASTEUR

SCÈNE PREMIERE

RAOUL (avec une sacoche), NELLY (avec un sac de main)
Costumes de voyage.

RAOUL

Entrez donc, chère amie, et prenez une chaise,
Nous allons déjeuner ici tout à notre aise.
    (Nelly s'assied)   (Il en déplace un)
Trois couverts! un de trop. Que nous avons bien fait
De ne pas affronter les tracas du buffet.

NELLY (assise)

J'ai l'horreur des repas pris à grande vitesse,
Mais de plus il faut bien vous conter ma faiblesse :
J'avais peur.

RAOUL

            Peur de quoi ?

NELLY

                    Quel supplice odieux
Que celui d'être en proie aux regards curieux
Lorsque deux jours avant, aux pieds de la Madone,
Epouse, on a quitté son voile et sa couronne.

RAOUL

Vous êtes ravissante !

NELLY

Il se peut, mais aussi
De notre déjeuner vous prenez peu souci.

RAOUL

Tu dis vrai. Que veux-tu; trouver une guinguette
Qui n'a pas seulement un cordon de sonnette !
(Frappant sur la table)
Garçon,

NELLY (frappant sur un verre)

Garçon,

RAOUL et NELLY (frappant ensemble et de même)

Garçon.

RAOUL

Sapristi !

SCÈNE II

Les précédents, BOB

BOB (Il apporte deux entremets qu'il pose sur la table)

Me voilà.
Boum ! vous me demandiez ?

RAOUL

Que veux dire cela !
Un moutard,

NELLY

Un babby,

RAOUL

Qu'on charge du service.

Pas plus haut que ceci.

NELLY

Quel singulier caprice!

BOB

Madame, vous serez bien contente de moi;
Monsieur, je suis un groom qui connais mon emploi.

RAOUL

Ton emploi, quel est-il?

BOB

Mais donc, je sers à table,
Je fais ce qu'on m'ordonne en tâchant d'être aimable.

NELLY

Puisqu'il en est ainsi dites-nous votre nom?

BOB

Bob, Madame. Peut-être il vous déplaît?

NELLY

Oh! non,
Mais c'est un nom de chien, on dirait qu'on aboye.
(Aboyant)
Bob, Bob.

RAOUL (de même)

C'est vrai, Bob, Bob.

BOB

     Cependant avec joie
Je l'ai toujours porté, sans m'en trouver bien mal.

NELLY

Alors vous préférez le nom d'un animal ?

BOB

Madame, avec raison, quand soumis et fidèle
Cet animal au groom peut servir de modèle.

NELLY (éclatant de rire)

Mais il est amusant ce bambin ! cher époux,
Au retour il faudra le confisquer pour nous,
Et comme nous allons monter notre ménage,
Je veux être princesse, et j'en ferai mon page.

RAOUL

Faites, mais toutefois en attendant le jour
Où vous pourrez, Nelly, composer votre cour,
Déjeuner au plus tôt me semblant nécessaire
Oubliez un moment ce projet téméraire...
A moins que vous n'ayez le désir de jeûner.

NELLY

Certes, non !

RAOUL

   Monsieur Bob, qu'allez-vous nous donner ?
Comme vous n'êtes pas l'officier de la bouche,
Le souci du menu n'est pas ce qui vous touche ;
Cependant vous pourriez, marmiton apprenti,
Nous dire tout d'abord quel est notre rôti ?

BOB

Parfaitement, monsieur; vous avez bonne chance.
Le chef est à son poste et la cuisson avance;
Il a mis à la broche un bon petit poulet
Que votre marmiton a plumé, s'il vous plaît,
Et qui de son fumet embaumant la cuisine,
Assurément tiendra ce que promet sa mine;
Il n'est pas des plus gros, mais il suffit pour deux.

NELLY

C'est tout !

BOB

      Non pas, non pas, nous vous aurons des œufs.
Comment les aimez-vous, brouillés ou sur l'assiette?

NELLY

Mettez-nous simplement une bonne omelette.

BOB

Bien, madame; autre chose, il vous faut un plat doux.
Deux petits pots de crême?

NELLY

      Oh non, trois; car pour vous
On fera ce qu'on fait pour un enfant bien sage:
Et vous aurez, gourmand, le troisième en partage.
Cela vous convient-il?

BOB

      J'accepte de bon cœur,
Et votre attention me fait beaucoup d'honneur.
Après....?

NELLY

    Mais c'est assez.

BOB

     Prenez donc un herbage.

NELLY

Non, non, mon cher époux n'aime pas le fourrage.

BOB

Très bien!.... Avant de voir arriver le poulet
Vous pouvez commencer; le service est complet :
Anchois, thon mariné, beurre, melon d'Espagne;
Pour les jeunes époux nous avons du champagne.

NELLY

Du champagne, Raoul !

RAOUL

     O petit séducteur !
Ma chère Eve, écoutons le serpent tentateur.
Bob, tu vas faire mettre au frais une demi-bouteille
Et tu la serviras au dessert.

BOB

    A merveille.
     (Il sort par la petite porte).

SCÈNE III

RAOUL, NELLY, BERNARD

RAOUL

Enfin !.... j'entends des pas (il se retourne).
     Qui donc est-ce ? Bernard !
 (Il se lève).

BERNARD (entre par le fond)

Lui-même, et toi Raoul, comment, par quel hasard,
Oh mais..., tu n'es pas seul !

RAOUL

Certainement... ma femme.
(Nelly se lève)
Nelly, c'est un ami de collège.

BERNARD (s'inclinant)

Madame.

RAOUL

Tu nous a fait faux-bond, avant-hier soir
A ma noce, et pourtant j'espérais bien t'y voir.
Nous t'avions invité, j'en suis très sûr.

BERNARD

Sans doute,
Mais pendant ce temps-là, mon cher, j'étais en route;
J'en suis au désespoir, c'est vraiment du guignon,
J'arrive de Paris par l'express.... Avignon
Etant sur le parcours je viens y faire escale ;
Car j'y suis attendu par notre ami Lassale.

RAOUL

Que tu vas retrouver sur le champ, n'est-ce pas ?

BERNARD

Mais non, lorsque le spleen m'escorte pas à pas
En te voyant ici, j'ai la douce espérance
De retrouver bientôt une meilleure chance.
Déjà, pauvre garçon, je me sens tout heureux
Au contact enchanteur d'un couple d'amoureux.
Tu sais bien que Lassale habite la bastide,
Je suis encore à jeûn et ma bedaine vide

Ne pouvant jusqu'au soir attendre le diner,
Je descends tout exprès ici pour déjeuner.
(Il le prend)
Bon ! je vois un couvert, tu vas me faire place :
Car sans être ventru j'occupe assez d'espace.
Tout autre en ce moment pourrait vous déranger ;
Mais je suis un ami, non pas un étranger ;
Traitez moi comme tel, tous les deux, je vous prie.
Vous avez commandé le beefteack, je parie.
Au début du repas c'est bien ce qui me plait.

RAOUL

Mon cher, tu fais erreur; nous n'avons qu'un poulet
Et c'est insuffisant pour trois.

BERNARD,

     Mais au contraire,
Une cuisse après tout fera bien mon affaire ;
Le reste du poulet vous est acquis de droit.
Tu le découperas, car je suis maladroit.
Bien, voici qu'on nous sert.

SCÈNE IV

Les précédents, BOB

BOB

J'apporte l'omelette.

BERNARD

Elle n'est pas énorme et d'une côtelette,

Puisque décidément je suis le bienvenu,
Il faudrait, mon garçon, enrichir le menu.

BOB

J'en suis fâché, monsieur, il en restait bien une
Avant que l'on eût pu soupçonner la fortune
De vous avoir ici; mais hélas, ô malheur!
Le chat noir du voisin l'a prise.... le voleur!....
J'arrivais, je l'ai vu se sauver par la porte,
J'ai juré, j'ai crié, que le diable t'emporte.

NELLY

Ceci ne l'a pas fait revenir sûrement?

BOB

Non, madame, et j'en suis bien désolé vraiment.

BERNARD

C'est un petit malheur qui n'est pas sans remède :
Avec un supplément tu nous viendras en aide.
(Bob sort)
Mais j'y songe, parbleu, je puis bien sans façon
Vous offrir le restant d'un certain saucisson
Dont je m'étais muni pour charmer mon voyage.
Ah mon Dieu je n'ai pas apporté mon bagage!
La gare est à deux pas et je vais le chercher.
Je saurai bien courir plutôt que de marcher.

(Il sort).

SCÈNE V

RAOUL, NELLY

RAOUL (se promenant avec agitation)

Morbleu, vit-on jamais un pareil imbécile !
Des talons à la tête il fait monter la bile.
J'en aurai la jaunisse.

NELLY (s'asseyant)

Allons, mon cher époux
C'est un petit malheur, du calme, asseyez-vous.

RAOUL (continuant à se promener)

Il croit être poli, sa politesse est forte !
Je dirai comme Bob : que le diable l'emporte.
Il ne se doute pas qu'il nous est importun.

NELLY

Le tact ne fut jamais qu'un trésor peu commun.

RAOUL

Pour s'en débarrasser que pourrait-on bien faire ?

NELLY

Nous avons grand besoin que le ciel nous éclaire.

RAOUL

Cherchez donc un moyen de lui donner congé.
Si nous n'en trouvons pas je deviens enragé.

NELLY

Enragé, dites-vous ?

RAOUL

J'ai raison de le dire.

NELLY

Enragé, c'est vraiment le ciel qui vous inspire !

RAOUL

Je ne vous comprends pas.

NELLY.

Quel est donc cet auteur
Dans le siècle dernier, peintre, littérateur,
Et dont vous me lisiez l'autre soir le proverbe :
Plus de peur que de mal ?

RAOUL

Oh j'y suis, c'est superbe,
Carmontelle.

NELLY

Très bien, vous avez deviné.

RAOUL

Oui, nous réussirons, le plan étant donné :
Nous allons chez Pasteur et c'est votre levrette.

NELLY

Je n'en ai jamais eu.

RAOUL

Qu'importe, c'est Bichette
Que nous la nommerons s'il le faut.

NELLY

C'est cela.

RAOUL

O divine Nelly !

NELLY

Taisez-vous, le voilà.

SCÈNE VI

Les précédents, BERNARD (Un sac de voyage à la main)

BERNARD

Comment, mes bons amis, vous n'êtes pas en place !
Vrai, c'est une façon dont l'honneur m'embarrasse.
De vous gêner autant je n'avais nul soupçon.
Ne perdons pas de temps, voilà mon saucisson ;
Asseyons-nous. (*)

(Ils s'asseyent tous. Bernard prend la place du milieu et offre à boire à Nelly).

Plaît-il que je vous verse à boire,
Madame, c'est de l'eau fraîche à ce qu'il faut croire.

(Il offre de l'eau à Raoul)

Raoul...

RAOUL

Je n'en veux point.

BERNARD

Très bien ; c'est comme moi
Sans doute, et du vin seul tu préfères l'emploi !

(*) Raoul, Bernard, Nelly.

(Il lui offre du vin). — (Raoul recule sa chaise)
Comment, sans le goûter tu me fais la grimace !

NELLY (avec émotion)

Monsieur je vous en prie, excusez-nous de grâce ;
Je ne sais si je dois vous parler franchement...
Mais mon pauvre Raoul souffre dans ce moment,
Son état le tourmente et m'afflige moi-même ;
Je frisonne, je sens une frayeur extrême.

BERNARD (avec emphase)

Qui donc s'en douterait quand chez vous on peut voir
Tous les lys du matin joints aux roses du soir ;
Le printemps est moins pur et l'automne est moins belle.

RAOUL (aboyant)

Bob, Bob.

BERNARD

Mais qu'a-t-il donc ?

NELLY

Eh, c'est Bob qu'il appelle.

RAOUL (regardant le fond de son verre)

C'est elle ! je la vois au fond de ce cristal.
Veux-tu t'en aller, Bichette.

NELLY

Nom fatal !

BERNARD

Bichette...

NELLY

C'est, monsieur, le nom de ma levrette.

RAOUL

Vas-tu me mordre encor ; mais chassez donc Bichette ;
Nelly, chassez-là donc, vous devez le savoir,
Désormais je ne puis la sentir ni la voir.

BERNARD

Qu'est-il donc arrivé ? dites-le moi, madame !
Je crois tout deviner, je tremble sur mon âme.

NELLY (se levant et pleurant par gradation)

Hélas, vous saurez tout, monsieur, plaignez-moi bien.
J'ose encore espérer que ce ne sera rien.
Nous sommes attendus... demain... dans la journée
Chez Pasteur (elle se cache le visage avec son mouchoir).

BERNARD

      Chez Pasteur !... O femme infortunée...
Calmez-vous, calmez-vous, et dites-moi comment...?

NELLY

Je ne cacherai rien, c'est très simple vraiment :
Il faut bien qu'un époux embrasse son épouse,
Et Raoul m'embrassait... ma levrette jalouse
S'élance au même instant et le mord...

BERNARD

                      Mais où donc ?
Est-ce à la jambe, ou bien au bras ? Pardon,
Fais-moi voir.

RAOUL (se levant)

      Je ne puis, m'attaquant par derrière
La levrette a mordu...

BERNARD (très gravement)

      Je comprends... ton arrière.

RAOUL

Oui, j'étais en veston.

BERNARD

              Je te plains, malheureux !
Mais au moins tout est là ?

RAOUL

              Nullement, c'est affreux.
Une chienne jamais n'attaque sa maîtresse ;
Eh bien ! le croirais-tu, cette bête traîtresse
A voulu protéger la sienne en me mordant,
Et l'a gratifiée, elle, d'un coup de dent !
Depuis lors ma cervelle est dans un tel désordre
Que parfois j'ai besoin d'aboyer et de mordre.
(Aboyant). Bob, Bob.

SCÈNE VII

Les précédents, BOB (entrant par la droite)

              Vous m'appelez pour servir le poulet.
Le voici, tel qu'il faut, cuit à point, bien replet;
Vous n'en trouverez pas un second qui le vaille.

NELLY

Très bien, Bob, mais placez à part cette volaille.
(Tout bas à Bob)
Mieux encor... fendez-la dans toute sa longueur
Pour en faire deux parts d'une égale grandeur.

BERNARD (tirant un carnet de sa poche)

Mon cher ami Raoul, tu sais combien je t'aime,
Et je ne reviens pas de ma stupeur extrême.
Ma tête en ce moment confond si bien les jours
Qu'il faut par charité qu'on vienne à mon secours.
    (Feuilletant son carnet)
Le quantième aujourd'hui, n'est-ce pas jeudi seize ?

NELLY

Vous vous trompez, monsieur, car nous sommes au treize
Hier était dimanche, avant-hier samedi ;
Voyez votre agenda, c'est aujourd'hui lundi.
Lundi précisément fut d'abord la journée
Qu'ensemble, à notre hymen, nous avions destinée.
Lorsque pour éviter son chiffre désastreux
Le onze est devenu le jour trois fois heureux
Qui nous a pour jamais....

BERNARD

                Comprenez ma sottise :
Je voulais à Lassale éviter la surprise,
Et me suis bêtement annoncé pour jeudi.
Suis-je donc maladroit !

NELLY (malignement)

            Non pas, mais étourdi.
Il vous faut d'ici là corriger cette faute
A l'aide d'un billet qui préviendra votre hôte.
Filez droit sur Marseille et jeudi de retour
Vous reviendrez ici prendre votre séjour.

BERNARD

Je l'entends bien ainsi.

BOB

Mais le rapide arrive,
Ecoutez le sifflet de la locomotive.
Profitez-en, monsieur.

BERNARD

Tu dis bien, mon garçon.

BOB

Et si vous repreniez votre gros saucisson,
Il fait plus de profit qu'une simple saucisse.

RAOUL (un couteau à la main)

(A Bernard)
Cher ami, je voudrais te détacher la cuisse:

BERNARD

Ma cuisse... Ah ! je comprends, non ne détache rien.
Le poulet tout entier n'est-il pas votre bien ?

NELLY

L'aile conviendra mieux, prenez-la tout de suite.
(Bas à Raoul)
Raoul, avec son aile il partira plus vite.

BERNARD

Nullement, mes amis, épargnez-vous ce soin.

RAOUL

Tu ne m'embrasses pas ?

BERNARD (brusquement)

Je n'en ai pas besoin ;
Des souhaits les plus vifs mon cœur vous accompagne.

NELLY

Que le ciel vous les rende. (Bernard part)

RAOUL (quand Bernard est loin)

Et se ploou que ti bagne.

SCÈNE VIII

Les précédents, moins BERNARD

NELLY

Il est loin, et vraiment je n'y puis plus tenir,
C'était par trop bouffon. (S'asseyant)
                         Venez me soutenir
Raoul, mon cher époux, je meurs sur ma parole.

RAOUL

Laissez donc, vous avez bien joué votre rôle.

NELLY

Je dois tout mon succès à cet heureux mouchoir
Et vous avez bien dû vous en apercevoir
Lorsque, pour étouffer un fol accès de rire,
Chez Pasteur, chez Pasteur, m'empressai-je de dire
Tandis qu'en même temps je m'essuyai les yeux.

RAOUL

Mais à présent, Nelly, devenons sérieux.
Nous voulons déjeuner à petite vitesse,
Et voilà que le temps nous poursuit et nous presse.

BOB

Le train qui vous menait, monsieur, est reparti.

RAOUL

Vous croyez !

NELLY (se levant)

C'est le cas d'en prendre son parti,
Puisque nous avons pris un billet circulaire.

RAOUL

Oui, mais jusqu'à ce soir que pourrons-nous bien faire ?

NELLY

Je connais Avignon, comme vous ; mais pourquoi,
Moi, m'appuyant sur vous, vous, appuyé sur moi,
N'irions-nous pas tous deux jusqu'aux bords de Vaucluse

RAOUL

Flâner et soupirer si cela vous amuse !
Pour promener ainsi Vaucluse est un peu loin.
Ne vaudrait-il pas mieux, sans avoir le besoin
De braver le soleil, le vent et la poussière,
Arriver à nos fins de toute autre manière ?
Bob ira s'assurer comme objet de transport
D'un bon cabriolet, muni d'un bon ressort,
Ainsi que d'un cocher qui sache bien conduire.
Cette offre, ma Nelly, peut-elle vous séduire ?

NELLY

Avec vous les souhaits sont toujours superflus.
Quand vous les prévenez que désirer de plus !

RAOUL

Allez, Bob.

BOB

Oui, monsieur, dans un petit quart d'heure
La voiture sera devant notre demeure.

SCÈNE IX (ET DERNIÈRE)

RAOUL, NELLY

RAOUL

Puisque nous sommes seuls ouvrez-moi votre cœur.
Nelly, je ne suis pas un critique moqueur,
Prompt à tout dénigrer, mais j'en fais la remarque
Vous me semblez avoir un faible pour Pétrarque ?

NELLY

Je ne m'en défends point et j'aurais désiré
De faire battre un cœur aussi bien inspiré.
Mais hélas nous vivons dans un siècle pratique
Qui ne saurait comprendre un amour poétique,
Où toute jeune fille est livrée au hasard
De subir, pour mari... que dirai-je... un Bernard !

RAOUL

Vous lui savez peu gré de tant de poésie
Dont il a galamment prodigué l'ambroisie.
Mais laissons là Bernard. Parlons de l'amour pur
Dont les flots de Vaucluse ont reflété l'azur.
Fut-il bien dépouillé de cette ardeur grossière
Qui nous assujettit à la vile matière ?

Si Laure de Pétrarque eût exaucé les vœux,
Peut-être elle eût calmé ses transports amoureux ;
Ou du moins cet amour ignoré de l'histoire
N'eût pas de leurs deux noms associé la gloire.
Sans faire son procès à cette déité,
Qui ne m'a point séduit par sa célébrité,
Je devine chez elle un orgueil qui me blesse
Et j'aurais bien plutôt excusé sa faiblesse
Que ce jeu décevant de sévères amours
Qui d'un heureux poète a détruit les beaux jours.
Et que faut-il penser de ce mari bizarre,
Possesseur des trésors d'une beauté si rare,
Qui ne lui fit jamais l'honneur d'être jaloux,
Mais qui par un orgueil blâmable en un époux
S'affranchit du devoir prescrit par la décence
De contraindre Pétrarque au respect du silence ?
Enfin Laure, à mes yeux, eut un très grand défaut.

NELLY

Et lequel s'il vous plait ?

RAOUL

      Je ne sais s'il me faut
Au début de l'hymen en parler sans vergogne.
Ce défaut fut celui de la mère Gigogne :
Le ciel en la douant de grâce et de beauté
Y joignit le cadeau de la fécondité ;
Car elle eut onze enfants.

NELLY

Onze !

RAOUL

      Pas davantage,
Quand nous en serons là, je vous promets un page.

NELLY

Oh vous êtes taquin, votre rire moqueur
Prouve que vous avez plus d'esprit que de cœur;
J'aurais en ce moment grand plaisir de vous mordre.

RAOUL

Si cela vous convient, je suis tout à votre ordre.
Mordez-moi... mordez bien, afin qu'à l'avenir
De ma lune de miel je garde un souvenir.
Nous irons à Pasteur montrer cette blessure.
Sans doute il rira bien en voyant la morsure,
Mais lorsqu'en même temps il verra l'animal
Jamais il ne dira (baisant la main de Nelly qu'il fait semblant de
  mordre—Bob paraît dans le fond avec une bouteille de champagne)

PLUS DE PEUR QUE DE MAL.

TABLE

	Pages
La Lionne Marseillaise (Proverbe)	9
En Suisse — Scènes de voyage	55
Keltly (Proverbe)	79
La Charade au Château (Proverbe)	127
Les Fausses Infirmités (Proverbe)	143
L'Opodeldoch (vaudeville)	175
Une Matinée à Hyères (Proverbe en vers)	225
Chez Pasteur (Proverbe en vers)	247

IMPRIMERIE MARSEILLAISE

Rue Sainte, 39

www.ingramcontent.com/pod-product-compliance
Lightning Source LLC
Chambersburg PA
CBHW050649170426
43200CB00008B/1218